Tristan Lopin

MA PSY PRÉFÈRE MON EX !

Michel LAFON

118, avenue Achille-Peretti – CS 70024
92521 Neuilly-sur-Seine Cedex
www.michel-lafon.com

Pour toutes celles et ceux
à qui on a déjà brisé le cœur,
mais qui continuent de croire
au prince charmant.

Et pour « Clément ».

« *Never forget to love yourself first.* »

Carrie Bradshaw

Avant toute chose, il est important de savoir que j'entretenais une relation fusionnelle avec Clément, mon premier amour.

Pour ceux qui n'auraient jamais eu la chance de vivre ce genre d'expérience intense et complètement destructrice – bande de petits veinards –, notre histoire avait un fonctionnement assez similaire à celui des montagnes russes.

Nous avions des hauts et des bas, comme dans toutes les relations, sauf qu'entre nous, tout était soit trop haut, soit trop bas quitte à, durant les dernières semaines, nous filer la nausée. Manifestement plus à lui qu'à moi, sachant que c'est lui qui m'a quitté. Oui, j'ai beaucoup de difficultés à déceler le moment de bascule où une histoire d'amour passe de l'état stationnaire à celui de phase terminale.

Très clairement, et je m'en rends compte aujourd'hui, j'étais effectivement et affectivement dépendant de mon ex.

Arrondir les angles quand il n'était pas content, ne jamais trop le contrarier quitte à ne pas exprimer ce que je ressentais pour ne pas qu'il se sente « envahi », j'en étais arrivé à un tel point que je ne me posais même plus la question de savoir si moi j'étais vraiment heureux avec lui.

Mon bonheur dépendait du sien, l'intérêt qu'il me portait définissait l'estime que je pouvais avoir de moi-même. Je vivais dans l'ombre de ses humeurs et pour moi, c'était ça la clef du bonheur…

Autant vous dire que lorsqu'il a mis fin à notre relation après cinq ans de bons et loyaux services – l'équivalent des mandats présidentiels de messieurs Sarkozy et Hollande, ça peut donc paraître très long –, j'ai clairement eu la sensation que ma vie s'arrêtait. Mais littéralement. J'avais le sentiment de marcher au bord d'une falaise et que soudain, celui avec lequel j'avais imaginé passer le reste de ma vie venait de me pousser dans le vide.

Je ne me souviens pas de comment il m'a quitté. Je ne crois même pas qu'il l'ait présenté comme ça.

On ne dit pas : « Je te quitte ! » C'est horrible !

Un des synonymes de quitter, c'est abandonner. Il faut avoir beaucoup de courage et un sacré ego pour annoncer à quelqu'un qu'on l'« abandonne »...

En général, on trouve une parade, on explique à la personne qu'on préfère « arrêter ».

« Arrêter », c'est mieux comme verbe.

Quand une histoire s'arrête, personne ne quitte l'autre, c'est comme une machine victime d'obsolescence programmée, on ne choisit pas, ça ne fonctionne juste plus...

J'avais la sensation d'être ce chien dont on s'est lassé qu'on décide d'abandonner sur une aire d'autoroute en plein été. Et franchement, je suis persuadé qu'entamer une période de célibat dans un endroit jonché d'emballages de sandwichs bon marché avec une douce odeur d'urine n'est pas le meilleur moyen de se reconstruire...

Ses premiers mots après que j'ai compris que nous vivions les derniers soubresauts de notre histoire ont été : « Je n'ai pas le sentiment de te rendre heureux. »

J'ai trouvé ça drôle. Alors pas drôle comme dans « Arrête, j'en peux plus de rire, je suis à deux doigts de lâcher une petite goutte dans ma culotte ! », mais je trouve assez amusante cette capacité qu'ont les personnes qui en quittent d'autres – les bourreaux – de juger du bonheur d'autrui pour se dédouaner du mal qu'ils leur font. Soudain, ils enfilent leur cape de super-héros, te « délivrent » de leur joug en t'expliquant que « tu ne le sais pas encore, mais tu seras vachement plus heureux sans moi » ! On en est presque à devoir les remercier de faire preuve de tant d'altruisme à notre égard…

Je n'étais pas convaincu par cet argument, mais après des litrons de mojitos, des dizaines de paquets de mouchoirs et des centaines d'heures en position latérale de sécurité devant NRJ 12 (faites pas genre, on le fait tous !), ça s'est avéré vrai : j'étais plus heureux sans lui. J'avais passé cinq années de ma vie à aimer quelqu'un plus fort que je ne m'étais jamais aimé moi-même et bien que la route fût longue – cinq ans de psychanalyse, trente minutes par semaine à soixante euros, soit douze pots de Nutella, la séance (je ne vous raconte pas l'état de la forêt amazonienne) –, j'ai fini par comprendre que Clément m'avait sûrement rendu le plus beau des services en m'obligeant à me confronter à ce qui me faisait le plus peur depuis toujours : moi-même.

Alors attention, j'entends déjà quelques cyniques s'indigner :

– Oh, là, là, c'est un bouquin ambiance confessions intimes !

– Un truc à la Sophie Davant dans « Toute une histoire »…

– Genre le mec s'en est sorti… Il va nous faire un speech comme quoi sa déception amoureuse lui a permis de comprendre qui il était vraiment… Le mec va nous raconter sa résurrection…

Non ! On se détend ! Je vous rassure tout de suite, je n'ai pas le *self esteem* de Beyoncé – quoique vu la taille de son ego, elle pourrait partager –, je passe encore régulièrement mes dimanches soir à maudire mon ex dans mon lit enveloppé dans un plaid en pilou-pilou à mater l'intégrale de *Sex and the City*… Je vais bien mais je reste un être humain !

Ce livre, c'est un peu l'ensemble des notes qu'aurait pu prendre ma psy durant mon analyse…

Sérieusement, pas une seule fois je ne l'ai vue tenir un stylo – sauf pointé sur moi pour que je lui fasse un chèque – et j'ai toujours regretté qu'à la fin de ce travail que j'avais entrepris avec elle, elle ne m'ait pas rendu une espèce de « bilan ». Comme un compte-rendu de toutes les étapes par lesquelles j'étais passé avant de pouvoir me sentir vraiment mieux et qui me rappellerait, dès que je serais sur le point de faire une rechute, que non ça ne sert à rien de revenir dessus ! J'étais à deux doigts de ponctuer par un « rien n'arrive par hasard », mais je ne supporte pas les gens qui sortent ce genre de banalités sur un ton moralisateur horripilant… Je crois même que je les déteste autant que ceux qui font des cœurs avec les doigts – et ces personnes arrivent à pousser mon exaspération à son paroxysme.

Ce livre est donc pour toutes celles et ceux qui un jour se sont fait larguer ou qui s'apprêtent à l'être – vous allez en chier mais ça va le faire – et qui veulent quelques astuces pour garder la tête haute durant ces longs mois de monologues intérieurs au cours desquels votre mantra quotidien se résume à :

– De toute façon, je suis une sous-merde, il/elle m'a quitté(e), c'était l'homme/la femme de ma vie, il ne m'arrivera plus jamais rien de bien, je vais finir seul(e) à manger des plats Picard devant les replays d'« Enquête exclusive » dans un peignoir à motif floral, faites-moi piquer !

Pour tous les autres qui n'auraient jamais eu la chance qu'on passe leur petit cœur au Thermomix, profitez bien de ce monde merveilleux dans lequel vous vivez ! Faites bien les malins avec votre insouciance ! Le retour de karma sera terrible…

« Quoi
De notre amour fou ne resterait que cendres
Moi
J'aimerais que la terre s'arrête pour descendre »
Jane Birkin

Budget psy : 10 pots de Nutella

Pardon Ségolène. Ne m'en veux pas pour l'huile de palme, j'ai voté pour toi en 2007. Je suis même allé au meeting au stade Charléty, y avait même Yannick Noah pieds nus – il doit avoir les pieds dans un état lui…

Lorsque les gens apprennent que tu t'es fait larguer, ils ont toujours au bord des lèvres cette question insupportable qu'ils ne peuvent pas s'empêcher de te poser : « Mais tu ne t'en doutais pas du tout ? » Le comble étant que cela arrive forcément au cours d'une soirée à laquelle tu avais accepté d'accompagner des potes pour te « changer les idées » et que la personne à l'origine de la question se sent toujours obligée d'emprunter un ton paternaliste comme si t'étais un enfant de 3 ans à qui on fait la leçon parce qu'« on t'avait prévenu que tu te ferais gros bobo si tu mettais les doigts dans la prise » !

« Si, si ! Évidemment que je m'en doutais ! Si je viens pleurer en public dans un endroit où je ne connais personne en mangeant des toasts au tarama que j'ai maculés de ma propre morve, c'est parce que je répète pour le casting du prochain film d'Abdellatif Kechiche, connasse ! »

La seule chose que j'avais prévue, moi, c'était notre mariage ! Sur une plage de l'île de Ré où on avait l'habitude de passer nos vacances. Il aurait porté un costume sombre et une chemise blanche sans cravate – mariage habillé mais pas guindé – et il aurait retroussé ses manches pour me faire danser le rock toute la nuit – il danse divinement bien le rock et ça me fait complètement fondre... Nous aurions organisé une cérémonie laïque face à l'océan durant laquelle il m'aurait adressé quelques mots. Des mots que j'avais rêvé qu'on me dise un jour, des mots qui m'auraient fait comprendre qu'il savait qui je suis vraiment. Qui se cache derrière ce sourire permanent. Des mots pour déclamer son amour pour moi au milieu de tous nos proches qui seraient venus juste pour nous. Juste pour se faire cracher à la gueule toute l'intensité de notre amour !

On aurait adopté aussi, et peut-être même un jour pensé à s'installer dans un pays étranger pour se faire une vie rien qu'à nous, et on serait devenus comme ces gens qu'on déteste qui déménagent parce que « la vie dans les grandes villes, on a fait le tour… Le bruit, la pollution, le stress, on veut un cadre différent pour les enfants ! »

Tout ça était prévu depuis des années. Dans ma tête en tout cas…

Alors non, non, je ne l'ai pas vue venir cette rupture. Quand on voit venir quelque chose c'est parce que quelque part on a un peu envie que ça arrive… On le craint souvent. On est conscient que ça va faire mal mais on sait aussi qu'il n'y a pas d'échappatoire !

Moi je ne voyais rien. J'étais aveuglé par mon admiration pour lui. J'étais avec lui coûte que coûte, comme un Balkany qui s'accroche à son poste de maire, je le savais, je ne lâcherais jamais l'affaire ! Quand j'aime, j'aime à fond, je donne tout, je donne trop ! J'étais avec lui, pour la vie, comme dans un film qui se termine bien avec Cameron Diaz et Ashton Kutcher – *Jackpot*, parfait en période de déprime !

Oui on se foutait sur la gueule et oui parfois j'avais envie de l'étriper tellement il était de mauvaise foi[1], mais grand Dieu, qu'est-ce qu'on baisait bien !

Rien que pour ça, je n'ai pas imaginé deux secondes qu'il puisse me quitter !

Juste pour cette fois où on s'est regardés faire l'amour dans un miroir[2] et où on a joui dans les yeux l'un de l'autre – c'est une image, hein ! sinon, c'est vraiment hyper dégueulasse... –, je ne pouvais pas concevoir qu'il imagine un jour poser la main sur quelqu'un d'autre !

Et pourtant, il y a bien quelque chose qui aurait dû me mettre la puce à l'oreille[3]...

---

1. Le mec avait un don inouï pour retourner les situations en sa faveur, digne des plus grands politiques. Une sorte de François Fillon en puissance, magique !

2. Au-dessus du lit, ouais ... Oui, c'est complètement egotrip, j'en ai rien à foutre !

3. « La puce à l'oreille », ça ne sonne pas tellement comme une émission animée par Jean-Luc Reichmann, sérieux ?

C'est le texto qu'il m'a envoyé avant qu'on ne se retrouve pour mon « largage ».

Un texto simple, court, comme un *before* de soirée raté ou des préliminaires expédiés.

Juste quelques mots bien pensés pour me « pré-chauffer ».

« Si t'as le temps, j'aimerais bien qu'on parle après mon boulot ! Bisou. »

Attention décryptage :

« J'aimerais bien qu'on parle après mon boulot » : ça fait cinq ans qu'on est ensemble et le mec décide de prendre rendez-vous pour me voir…

Traduction : « Je ne vais pas te parler de la quiche courgette-feta de ta maman ! » Elle est délicieuse au demeurant, elle met de la menthe dedans, je suis fan…

« Si t'as le temps » : la conversation aura donc une fin – #CEstMonDernierMotJeanPierre – et visiblement, il vaut mieux que t'aies un truc de prévu après…

Traduction : « Commence à envoyer des messages à tes copines, leur soirée est officiellement ruinée, on annonce un plan sauvetage force 9, ambiance alerte rouge ! »

« Bisou. » : sans « s » à la fin, ponctué d'un point. Genre pas un point d'exclamation qui suggérerait une forme d'enthousiasme ou des points de suspension qui laisseraient entendre qu'il te laisse deviner où il déposera ce fameux baiser… Non ! Le texto se termine par un « . ».

J'ai cherché la définition du « . » en matière de ponctuation et il semblerait que « le point indique la fin d'une phrase. Il s'accompagne d'une intonation descendante et d'une pause nettement marquée. »

« Intonation descendante […] Pause nettement marquée. »

Traduction : « J'ai beaucoup de tendresse pour toi mais j'ai pris ma décision. Je te fais un bisou quand même ! Par bienveillance… »

Je le rappelle au cas où, la tendresse est une forme d'affection, de sensibilité et de considération bienveillante à l'égard d'un autre sans qu'il existe forcément de la passion ou du désir…

BONUS :
Recette de la quiche feta-courgette-menthe de ma maman.

Tu fais comme une quiche lorraine mais sans les ingrédients d'une quiche lorraine en ajoutant de la feta, des courgettes et de la menthe. Pour les assistés, il vous faut :

Pâte brisée
Œufs
Crème fraîche
Lardons
Emmental
Muscade
Poivre
Sel
Courgettes
Menthe
Feta

1. Étaler la pâte dans un moule.
2. Mélanger tous les ingrédients.
3. Retirer les ingrédients de la quiche lorraine – les lardons ! Sinon la quiche de ma maman s'appellerait « quiche feta-courgette-menthe-lardons » !

4. Enfourner au four. Pas au micro-ondes, sinon j'aurais écrit « Emmicro-ondez » !

5. Dégustez !

6. Même froide avec un petit verre de rosé au soleil, elle est juste parfaite !

C'est bon, c'est sain et c'est gourmand ! (À dire avec la voix de Cyril Lignac.)

MONOLOGUE INTÉRIEUR POST-RUPTURE

Pourquoi ?
Pourquoi ?
Pourquoi ?
Pourquoi ?
Mais qu'est-ce que j'ai fait ?
J'étais trop quoi ?
…
Trop oppressant ?
Jaloux ? Même pas !
Moche ? C'est ça ?
Gros ? J'ai grossi ?
C'est parce que je perds mes cheveux ?
J'en ai encore quand même…
Je suis trop chiant ?
Pourtant je dis jamais rien…
Je ne me plains pas…
Il s'est lassé ?
Je suis un mauvais coup ?
Il a rencontré quelqu'un d'autre ?
Il m'a trompé ?
…
Mais avec qui ?
…

Pourquoi je n'ai jamais checké son Facebook ou ses SMS ???

Pourquoi je fais confiance comme ça ?

Qui a dit que la confiance était le ciment du couple ?

Si je le trouve je lui jette des cendres incandescentes dans les yeux à cet enfoiré !

J'aurais fouillé, j'aurais peut-être pu faire quelque chose pour le retenir…

STOP ! STOP !

Arrête de trop penser comme ça…

Ce n'est pas parce que tu te poses mille questions à la seconde que tu vas trouver plus de réponses.

…

…

Mais pourquoi ???

…

Alors voilà ? C'est ça ?

On rencontre un mec, on croit le reconnaître, on se dit « c'est pour la vie », on donne tout et puis plus rien ?

Le premier que j'entends me dire « un de perdu, dix de retrouvés » je lui visse un casque sur les oreilles et lui fais écouter l'intégrale de Jul jusqu'à ce que mort s'ensuive…

Et en même temps, je pourrais tellement en trouver mille des mecs qui accepteraient carrément de coucher avec moi quoi !

…

Mille c'est beaucoup quand même !

…

On peut coucher avec mille personnes une fois mais…

Non ! Non ! Non ! C'est pas ça ! On peut coucher mille fois avec une personne mais pas avec mille personnes une fois ! Ahahahah !

« Vous voulez un chewing-gum Émile ? »

Qui a déjà couché avec mille personnes différentes dans sa vie ?

T'imagines, tu fais comment pour te souvenir des prénoms ?

En vrai, ça m'est déjà arrivé…

Cette fois où j'ai croisé un mec dans la rue. Je ne savais plus d'où je le connaissais !

On se faisait un peu les yeux doux, je me souviens, je m'étais dit « le mec me veut, c'est sûr » et en fait on avait couché ensemble genre trois semaines avant !

Je ne me souvenais même pas de son prénom quoi !

L'alcool – et la solitude –, c'est vraiment pas bien…

Je pourrais profiter de mon célibat pour traverser une phase hyper sale de débauche !

Je pourrais carrément commencer à sortir tout le temps en boîte, rouler des pelles à plein de gens et prendre de la cocaïne !

En plus, tout le monde prend de la cocaïne maintenant…

La cocaïne, c'est tellement la nouvelle clope, quoi !

En même temps, j'ai constamment le nez bouché, la cocaïne, c'est peut-être pas une bonne idée.

De toute façon, Clément va revenir, il ne m'a pas vraiment quitté…

Il a juste besoin de souffler un peu, ça fait mille ans qu'on est ensemble !

Il voit ses potes papillonner…

Il nous fait une crise de la… de la… de la… de la vingtaine ???

Ça existe ça ?

Et si on y réfléchit bien, s'il m'a quitté c'est sûrement que je mérite mieux…

Je ne vais pas m'emmerder pour un mec qui ne sait pas ce qu'il veut !

Enfin, si, *a priori*, il sait ce qu'il ne veut pas puisqu'il est parti…

Non mais, je ne vais pas me pourrir le cerveau pour un mec qui ne comprend même pas la chance qu'il a d'être avec moi !

Ouais ! Ça c'est bien comme argument !

Je suis sympa…

Drôle…

Joli…

Ouais fais pas genre tu te trouves canon alors que tu passes une heure chaque matin à inspecter tout ce qui ne va pas chez toi.

Faudrait peut-être que je prenne le problème dans l'autre sens…

Passer une heure tous les matins à observer ce que j'aime chez moi !

C'est bon ça !!!

Je suis tellement optimiste en fait !

Je pourrais tellement écrire un livre de développement personnel…

Genre *Retrouver le chemin vers la confiance en soi* !

Ça c'est un titre de best-seller !

Bon, donc atelier pratique…

Qu'est-ce que j'aime chez moi… ?

…

…

…

Mes… Mon…

Euh…

Qu'est-ce que Clément aimait chez moi ?

Il adorait mes fesses, je crois !

Je suis même pas sûr…

Si ça se trouve il disait ça parce qu'il savait que j'étais complexé, comme les mecs disent à leurs copines qu'elles ne sont pas grosses quand elles disent qu'elles ont grossi juste pour qu'elles leur foutent la paix !

Oh le bâtard !

Le mec m'a menti en fait !

J'ha-llu-cine !!!

…

Et en même temps, c'est mignon !

Il a menti pour éviter que je complexe parce qu'il m'aime comme je suis…

« M'aimait » comme je suis puisqu'il s'est barré !

Non de toute façon, ce n'est pas lui le sujet, là !

Ce n'est pas de lui dont on parle !

Qu'est-ce que j'aime MOI chez MOI ?

…

J'aime…

…

Mes yeux !

Mes yeux sont jolis !

…

Et ma bouche aussi…

Voilà, c'est tout je crois !

…

Je ne vais jamais réussir à passer une heure tous les jours à m'extasier devant mes yeux et ma bouche, c'est vraiment pas beaucoup…

Ok, autre technique.

Voyons le positif dans cette rupture !

Y a quand même pas mal de choses qui ne vont pas me manquer chez lui !

Y a toutes les fois où…

…

…

Euh…

…

…

…

Mais si écoute…

…

Oh mais c'est ridicule !

Encore la semaine dernière, je n'arrêtais pas de lui reprocher des trucs…

…

Il ronfle ! De ouf ! Beaucoup ! Tout le temps !

Et il prend une place de malade dans le lit.

Genre le mec dort en étoile de mer, c'est insupportable !

Je vais avoir tellement de place maintenant ! Le pied !

Je vais pouvoir m'étaler !!!

Je peux même dormir en travers du lit !

Je peux puisque maintenant je suis seul.

Genre solo, célibataire ! *Me, Myself and I…*

Je suis seul et je porte un pantalon peau de pêche…

Ma vie c'est tellement de la merde…

Je suis sûr que la vie est plus rose dans un film de Lars Von Trier ou un épisode de « Confessions intimes »…

…

Peut-être pas, remarque…

Pas certain que Charlotte Gainsbourg se sente hyper épanouie dans *Antichrist*…

Et la pauvre nana dont le mari passe sa journée dans sa cabane à outils, elle doit avoir un de ces spleens…

Non mais de quoi j'ai l'air ?

Plus personne ne porte de pantalon peau de pêche depuis Diam's dans *DJ* !

Je me demande si elle porte toujours des pantalons comme ça depuis qu'elle s'est convertie à l'islam…

Sûrement !

Il doit faire une chaleur de pute si elle porte des fringues comme ça par-dessous sa burka.

Non mais je crois qu'elle met juste un hijab…

Oh j'en sais rien !

…

Ça doit être tellement rassurant de croire en Dieu !

Parce que du coup, même quand t'es seul, bah t'es pas vraiment seul…

Alors que moi là…

Il va tellement me manquer…

Plus de samedis soir à rentrer ivres à 6 heures du matin et à essayer de faire l'amour tant bien que mal.

Plus de dimanches à procrastiner sous la couette.

Plus de séances de ciné en amoureux le dimanche en fin d'après-midi.

Plus de déjeuners de belle-famille.

Plus de textos « <3 » en plein milieu de la journée.

Plus de caresses dans le cou durant ces longues promenades en amoureux du week-end.

Plus de sourire rassurant au réveil.

Je suis sûr qu'il y a un truc chez moi qui sent encore son odeur…

Mais j'ai fait une machine, toutes les fringues sont propres…

Je ne vais quand même renifler sa brosse à dents, c'est sale…

Son caleçon pour dormir !

Il n'est pas propre ! Parfait !

En plus, il l'a porté une bonne semaine, nickel !

Oh là, là ! ça sent lui…

Ça sent son sexe !

Sniff ! Sniff !

C'est crade…

C'est crade mais c'est tellement bon !

Non mais attends, je suis en train de renifler les sous-vêtements sales de mon ex…

Oh merde ! J'ai vrillé !

Je vais finir comme ces mecs qui achètent des petites culottes usagées sur internet !

Ok, j'arrête !

J'arrête de penser à lui !
J'arrête de me remettre en question !
J'arrête de checker ses réseaux sociaux…

…

…

…

…

…

Du coup, je fais quoi maintenant ?

TOP 50 DES PIRES VRAIES EXCUSES UTILISÉES POUR QUITTER QUELQU'UN (Merci à mes petits chats d'Instagram de les avoir partagées avec moi)

Partie 1/5

Toi, t'es le genre de personne qu'on épouse.

Je suis désolé mais on s'est rencontrés trop tôt…

Merci pour tout.

Tu m'as appris à m'aimer !

Le problème, c'est que plus je m'aimais moi, moins j'avais de sentiments pour toi…

Depuis que je suis vegan, je ne comprends plus les gens qui mangent des animaux.

Comment pourras-tu m'aimer convenablement si tu acceptes de faire du mal aux bêtes ?

Au départ, je ne voulais pas t'épouser.

Je voulais faire plaisir à ma mère.

Plus les jours passent, plus je me rends compte que lorsqu'on s'est rencontrés j'étais vraiment bourrée…

T'as les cheveux trop longs, ça me gêne pour dormir.

Je te quitte.

Je t'aime bien mais t'es trop chiante quand t'es bourrée…

Mon rendez-vous chez le médecin du travail s'est mal passé.

Le docteur m'a dit que je n'étais pas à jour dans mes vaccins.

Je pense qu'il faut que je me concentre sur ma santé pendant quelque temps…

Je t'aime tu sais, mais je ne mérite pas d'être aimée.

De toute façon, si on ne se quitte pas, je me bute !

Désolé je pars avec ton ex.

À la base je m'étais mis avec toi pour avoir des infos sur lui…

« Now you say you're lonely
You cry the whole night thorough
Well, you can cry me a river, cry me a river
I cried a river over you »
Julie London

BUDGET PSY : 30 bouteilles de vin blanc sec
Idéal quand tu te fais une petite soirée solo à manger du fromage à raclette sur du pain de mie grillé sous la couette.

Une fois la première nuit passée, épuisé de m'être refait intérieurement les derniers mois ensemble à alterner entre :

Qu'est-ce que j'ai fait de mal ?

Je comprends pas !

Qu'est-ce que je vais faire sans lui ?

J'ai l'impression que je vais mourir !

C'est pas possible !

Ça ne peut pas nous arriver à nous !

C'est mon Ross, mon Mister Big !

... pour finir par m'endormir bercé par mes propres sanglots, le premier réveil est une épreuve redoutable qui pique méchamment les yeux... Et pour tout le monde !

Tu te réveilles au milieu de tous les éléments que tu as réunis dans ton lit pour créer une atmosphère un peu cosy : tes plaids en pilou-pilou, tes chaussons-chaussettes aux pieds – immondes mais fourrés en polaire, c'est tellement confortable, franchement c'est abusé ! –, un gros sweat à capuche et un bas de pyjama à motifs régressifs – team licorne ou cupcakes. Soyons clairs, tu as rassemblé tout ce que tu avais en matière viscose pour t'envelopper dans une tendresse artificielle qui, le temps de quelques heures, t'auras apporté un peu de réconfort, et là BAM !

Le réveil sonne.

En temps normal, ce moment est déjà particulièrement douloureux. On prévoit tous cinq réveils dans l'espoir qu'au moment où le dernier se fera entendre, on aura finalement décidé qu'on a envie de se lever… Mais là, en plus de te faire le film de ta journée à venir :

– ton trajet pour le taf avec les gens qui font la gueule,

– ta collègue que tu ne supportes pas que tu visualises déjà se réjouissant de ta mine déconfite,

– ton boss qui va te demander des comptes,

– ta pause déjeuner à te demander où est-ce que tu vas bien pouvoir aller bouffer tout en sachant que ça va se terminer à la cantine de ta boîte ou dans le fond d'une barquette Sodebo,

… tu réalises que tout ça n'était pas un mauvais rêve… C'est bel et bien arrivé. Les faits sont là : tu es CÉ-LI-BA-TAIRE. Ressenti immédiat : tu es malheureux (euse).

Mais quand je dis malheureux, c'est même pire que ça !

En fait, c'est simple, pour toi, personne ne ressent une tristesse aussi profonde que la tienne !

Les réfugiés qui fuient la guerre, les vieux sans clim en maison de retraite en pleine canicule, les homosexuels en Tchétchénie, les vaches dans les abattoirs… À ce moment, clairement, et c'est sans appel, tu es LA personne la plus malheureuse du monde !

Le premier réflexe est celui d'ouvrir les yeux. Au départ, tu n'es plus très sûr(e), tes souvenirs sont flous, tu ne sais plus où tu es, pourquoi tu as ce sentiment étrange de vide intérieur.

Ton esprit s'était un peu apaisé durant la nuit et d'un coup c'est toute la conversation de la veille que tu revois par flashes :

– lui ;

– la pharmacie devant laquelle vous êtes passés – il fallait que tu achètes du dentifrice mais clairement, ce n'était pas le moment ;

– son regard après qu'il t'a annoncé que c'était fini ;

– cette manière qu'il a eu de te dire au revoir avec dans ses yeux ce mélange de compassion et d'envie d'en finir au plus vite.

C'est à nouveau un saut dans le vide, un vertige interminable, tu aimerais pouvoir te rendormir mais, ces matins-là, tes quatre « réveils de secours » ne servent à rien. Tu es bel et bien réveillé. Ta journée est lancée et autant qu'on se le dise, elle risque d'être interminable… Peut-être même aussi longue et pénible qu'un discours de François Bayrou, c'est dire !

La solitude de cette première journée – ou même première semaine… ou premier mois – peut être assez harassante. Le sentiment que personne ne nous comprend et qu'on vit dans un monde parallèle est assez omniprésent. Tu cherches une âme amie, un soutien permanent pour faire face à cette journée de l'angoisse qui semble sans fin. Pour ma part, j'avais pris le parti de me rassurer en me projetant dans un film que j'appréciais et dans lequel j'aurais pris la place du héros. C'est idiot, mais je crois qu'intégrer ma réalité dans une fiction rendait la pilule plus facile à avaler et me permettait de prendre un peu de recul quand mon quotidien paraissait de plus en plus insurmontable.

J'étais dans une comédie romantique. Carrie Bradshaw après que Big l'a laissée devant la mairie dans *Sex and the City 1*[4]. Comme elle, tu es au Mexique, tu regardes fixement la fenêtre, les rideaux que tu avais oublié de fermer en te couchant, espérant qu'une de tes copines viennent t'apporter un truc à grignoter pour la rembarrer

4. On ne parle pas du 2, s'il vous plaît, c'est clairement une insulte à la série. Cette séquence où les quatre copines découvrent l'existence des femmes voilées me met tellement mal à l'aise venant d'un programme ayant longtemps été considéré comme avant-gardiste par son aspect « féministe » !

en lui demandant de « fermer les persiennes » pour passer les quelques semaines à venir au fond de ton lit à te morfondre sur ton sort.

STOP ! On arrête tout de suite !

Primo, t'es pas au Mexique mais dans un 21 mètres carrés[5] que tu paies un bras d'enfant alors que ton proprio fait le mort quand tu lui demandes s'il « est possible de refaire la peinture dans la salle de bains, elle est tout écaillée et je me prends régulièrement des copeaux de peinture en me lavant ! Ce n'est pas du tout raccord avec le clip que je me fais dans la tête en chantant du Mariah Carey sous la douche, merci ! »

Deuxio, t'as pas de persiennes, t'as des stores qui font un boucan d'enfer quand tu « tentes » de les fermer et aucune de tes potes n'est récemment restée dormir chez toi sous prétexte que « plus vite tu t'y confrontes, mieux c'est ».

Traduction : « J'ai passé la soirée à t'entendre pleurer et à te répéter quinze fois la même chose pour te rassurer tout en sachant que tu n'écoutes rien à ce que je dis. Je t'aime beaucoup mais là j'aimerais bien passer la nuit tranquille, d'autant que je sais que tu vas me harceler de textos

5. Et encore, je vois large… Merci la loi Carrez !

demain pour me poser exactement les mêmes questions… »

Tertio, ta vie n'est pas un épisode de *Sex and the City*, tu achètes toujours tes shoes chez André ou Éram[6] et quand tu te fais un resto le dimanche tu demandes toujours si tu peux régler en tickets resto, tout en sachant que « non, le dimanche on ne les accepte pas… » – avec le petit sourire du serveur qui te juge parce que oui, t'es un peu une pauvresse…

Alors je sais, c'est le *bad*. Ta journée, ça va être de la merde. Tu vas la passer à alterner entre boulot et fumage de clopes intempestif à écouter les chansons les plus badantes du monde – *Ne me quitte pas*, sérieux ? Même ce soir quand t'iras boire un coup avec tes potes pour finir ta journée, t'auras quand même envie de crever parce qu'« il est pas là et que j'arriverai jamais à vivre sans lui ! Je ne sers à rien… S'il m'a quitté c'est parce que je ne le mérite pas ! Laissez-moi sur le bord de la route, je vais me faire dévorer par une famille de fourmiliers et ça sera tant mieux ! »

---

6. Ok, t'as une paire qui vient de chez un « créateur » – je mets des guillemets, parce que Sandro, The Kooples, c'est pas des créateurs, hein… Détente !

On est au XXIe siècle mon chat, on n'est pas des victimes, donc même si t'as l'impression d'être moins en forme que Britney en 2007 – pourtant, tu le sais, c'est impossible, la meuf c'est le miracle de Noël qu'on n'attendait plus –, tu prends ton courage à deux mains et t'arrêtes d'attendre qu'un mec vienne te secourir dans ta forteresse de solitude !

On n'est plus en 1987, et si à l'époque on ne laissait pas « Bébé dans un coin », aujourd'hui, elle n'a plus besoin de Johnny parce qu'elle s'en est sortie toute seule, ok ?

Donc maintenant, tu files sous la douche, tu mets des fringues[7], t'enfiles ton regard de tigresse et t'attaques ta journée en gardant à l'esprit qu'une fois qu'elle sera terminée, tu seras toujours plus proche du moment où t'iras mieux !

NB : Si comme moi, tu trouves cette dernière phrase insupportable et que tu cherches quel genre d'individu de ton entourage pourrait sortir le même genre de banalités, c'est en général la

---

7. Période de rupture, t'as même droit à la doudoune sans manches si c'est l'hiver ou aux Birkenstock en été, on est sympas !

même personne qui te dirait : « Le cœur a ses raisons que la raison ignore… »

On est d'accord maintenant ? On déteste cette personne !

CONVERSATION POST-RUPTURE AVEC MA MÈRE

– Allô !

– Coucou mon chéri, ça va ? Je te dérange pas ?

– Bah non maman, sinon je ne répondrais pas !

(C'est vrai, faut arrêter ce truc, si on répond c'est que ça ne nous dérange pas !)

– De toute façon, tu m'appelles toujours quand t'as rien à faire…

(#Culpabilité)

– Bah c'est mieux, non ? Comme ça, je prends le temps de te parler.

– …

– De toute façon, c'est même pas moi qui t'appelle maman, c'est toi là !

– Ah ! Tu vois ! Tu ne m'appelles pas quand t'as rien à faire !

(#Culpabilité2, elles sont fortes, c'est ouf, hein ?)

– Et du coup, tu m'appelais pour quoi maman ?

– Bah pour prendre des nouvelles. Comment tu vas ?

– Pas ouf… Ça fait deux semaines qu'on s'est quittés, donc…

– Ah, vous vous êtes quittés ? D'un commun accord ?

– Non, c'est lui qui m'a quitté...

– Ça m'étonnait aussi...

– Ah bon ?

– Généralement, c'est rarement toi qui prends l'initiative mon chéri...

(Là, on est sur un gros #Bienveillance.)

– Bref... Oui, il m'a quitté, donc oui, je suis triste !

– Du coup, tu viens pas avec lui à Noël...

– Bah non, *a priori*...

– C'est dommage, ça te faisait de la compagnie...

– ...

(Ma mère compare donc mon ex à un animal de compagnie, tout va bien.)

– Et puis, c'est triste d'être seul à Noël...

– ...

(Quand ta mère te prouve une fois de plus qu'elle n'a pas fait une licence de psycho.)

– De toute façon, moi, je le sentais que ça n'allait pas marcher...

– Ah bon ? Et pourquoi tu ne me l'as pas dit alors ???

– Je ne te l'ai pas dit parce que je suis ta mère et que je suis là pour te protéger...

– Ouais, enfin, on est restés cinq ans ensemble, tu l'as accueilli à Noël, pour nos anniversaires, à la campagne, en vacances, et c'est maintenant que tu me dis que tu savais qu'on allait se séparer ???

– Franchement, je te l'aurais dit, tu m'aurais écoutée ?

– Euh…

– Bon, tu vois !

– …

Maman 1 / Moi 0

« *Avant la haine*
Avant les coups
De sifflet ou de fouet
Avant la peine
Et le dégoût
Brisons-la, s'il te plaît »
Alex Beaupain

BUDGET PSY : 35 tablettes de chocolat au lait avec éclats de noisettes torréfiées

Lisez ce qui suit avant de me condamner.
Seule Britney peut me juger.

Il était 7 h 37 un samedi matin, je rentrais de soirée – sans commentaire – quand mon téléphone s'est mis à vibrer. Je venais de recevoir un SMS. Rapidement, mon cerveau a énuméré le nombre de personnes qui pouvaient/voulaient m'envoyer un message si tôt.

C'était facile : personne.

7 h 37 un samedi matin est un moment choisi pour un message dont l'émetteur souhaite que l'on s'en souvienne. Envoyer un message à 7 h 37 n'est jamais un hasard !

Et pour cause, c'était un message de Clément.

« Tu penses qu'on peut essayer de se voir demain pour s'échanger nos affaires ? » BOUM !

Rien que de voir son nom s'afficher sur mon écran, mon cœur s'est serré si fort que j'ai bien cru qu'il venait de se transformer en fruit sec. C'était d'ailleurs le sentiment qui m'animait depuis quelque temps, Clément m'avait vidé, je ne ressentais plus rien et mon cœur était sec. Mon électrocardiogramme semblait plat mais je m'y étais habitué. Notre séparation avait été un tel choc que j'étais finalement assez soulagé d'être émotionnellement anesthésié.

Ce texto a tout ravivé et la lecture de son contenu m'a ramené au fait qu'il allait bien falloir que je l'affronte, que cette période – quelques jours à peine – durant laquelle nous ne nous étions pas donné de nouvelles n'était qu'un *no man's land* entre deux zones de conflit.

Nous nous sommes retrouvés près de chez moi. C'est lui qui m'avait quitté, c'était donc à lui de se déplacer. Je lui ai donné rendez-vous dans notre café habituel. Celui dans lequel nous allions bruncher le dimanche, boire un café après avoir fait le marché ou un dernier verre après une soirée un peu arrosée. J'ai eu tort de choisir notre café, le trajet à lui seul s'apparentait à une forme de pèlerinage et plus je m'approchais plus le temps semblait se suspendre.

Cet endroit était imprégné de souvenirs heureux. Pas que, évidemment, on ne passe pas des années entières aux côtés de quelqu'un sans devoir se confronter à quelques baisses de régime. Oui, il y avait eu des dîners en tête à tête à ne pas savoir quoi se dire, mais nous avions toujours su les affronter. Nous avions toujours refusé de faire comme ces couples qui dégainent leurs téléphones dès qu'un silence s'installe. La tentation était présente mais nous avions appris à accepter ces instants, à les chérir même, fiers de ne pas céder à la pression de ce monde dans lequel l'esprit se doit d'être constamment sollicité.

Nous pouvions passer des dîners entiers à observer le monde qui nous entourait, à nous regarder, nous sourire sans rien se dire. Juste apprécier le fait que nous n'avions pas besoin d'être en constante effervescence pour chérir les moments où nous étions ensemble.

Je vous rassure, il nous est aussi arrivé régulièrement de ne pas nous parler juste parce qu'on se faisait un peu chier, notre vie ne ressemblait pas à celle des couples de cinéma dont le quotidien semble être une perpétuelle déclaration d'amour, sinon ces retrouvailles organisées n'auraient sûrement jamais eu lieu.

J'ai tout de suite remarqué Clément à travers la vitre du café. Il était assis à une petite table dans le fond, en train de dessiner ou du moins en train de faire semblant de dessiner. Monsieur travaille dans la décoration de cinéma et passait le plus clair de son temps libre un crayon de papier à la main. Il savait pertinemment que cette attitude de poète un peu nonchalante était ce qui m'avait plu chez lui, et je le soupçonne de s'être mis en scène en attendant que j'arrive…

Je me souviens très bien, comme il était arrivé en premier, il avait pris la banquette ! J'adore prendre la banquette. Quand tu attends quelqu'un, c'est plus commode d'être assis sur la banquette parce que généralement elle est placée contre un mur, donc face à la salle, et tu peux appréhender le moment où la personne que tu attends arrive !

Tu peux faire semblant de bouquiner de manière hyper décontractée – ou de « dessiner » – tout en gardant un œil sur la porte d'entrée, alors que si t'es face à la banquette, bah du coup t'es obligé de te tourner complètement pour garder un œil sur l'entrée, c'est beaucoup moins discret !

Bref, je m'assois donc pour boire un café parce que du coup, je n'allais pas rester debout, ça aurait été bizarre d'être debout au milieu du café alors que tout le monde est assis.

Même pour se parler, je veux dire, si lui est assis et moi debout, c'est pas très pratique. Évidemment, on aurait pu se mettre au bar, ça aurait été moins protocolaire, mais bon il était déjà assis, donc ça paraissait compliqué de lui demander de se déplacer, d'autant qu'il buvait un thé[8], donc il aurait fallu qu'il prenne son sac, son manteau, sa tasse et la petite théière d'eau chaude… Et puis moi, j'aime bien faire les choses simplement.

---

8. Je déteste les gens qui boivent du thé au café, 4 euros le sachet, c'est tellement la plus grosse arnaque du monde !

Donc on commence à discuter, enfin on s'engueule parce que je le voyais jeter des coups d'œil derrière moi. C'est hyper désagréable, je sentais qu'il était distrait. Le mec la joue l'air de rien pendant une heure et là, au moment de régler, comme de par hasard, il me dit : « Oh c'est drôle, j'ai l'impression que je connais le nouveau barman ! » Évidemment, le mec connaît le barman ! Comme par hasard, il a pas reconnu le petit gars qui récure les chiottes !

Non, et puis ça va, moi aussi j'en connais plein des barmen, y a même des bars dans lesquels j'ai des shots gratuits, donc…

Genre le mec depuis qu'on est plus ensemble, c'est devenu un mec de la night qui sort tout le temps, qui connaît les barmen… Surtout qu'*a priori* le mec n'est pas doué du tout, mon diabolo grenadine était dégueulasse… Et Clément me sort l'info tranquillement comme si on était potes, comme si y avait aucun souci pour que le mec drague un type devant moi.

« Je crois que je connais le barman ! » Non, bien sûr !

Le pire c'est que cet enfoiré s'est levé pour aller payer ! Je suis là, assis face à lui, un sac rempli de vieilles affaires qu'il ne remettra jamais, et le mec va carrément payer au bar pour engager la conversation ! PA-THÉ-TIQUE ! Et l'autre connard derrière son comptoir hyper réceptif en plus ! Le type lui a carrément dit : « Salut ! » Mais pas « Salut » genre « Salut » comme tu pourrais le dire à un ancien pote de lycée que tu croises dans la rue !

Non, « Salut ! » avec un sourire à se faire péter la mâchoire genre on se connaît très bien ! À se demander s'ils n'ont même pas déjà baisé... Je ne voyais rien parce que j'étais de dos – TOUJOURS être sur la banquette ! – mais en fait, ça faisait une heure qu'ils étaient en train de se mater !

Finalement, incroyable, ils « s'aperçoivent » – prenez-moi pour un con, ça me fait plaisir – qu'ils se sont vus deux jours plus tôt dans une librairie... Les deux ont visiblement « tellement de points en commun » ! Ça va, moi aussi, j'ai déjà lu un livre...

En fait, le barman avait pris Clément pour le libraire – ils ont ri en se rappelant cette anecdote, j'avais envie de rétablir la peine de mort tellement ils m'ont agacé – et lui avait demandé un renseignement sur un auteur dont je ne pourrais pas vous dire le nom. Mais je me souviens qu'il lui a dit : « T'as du me prendre pour un dingue de te demander un renseignement sur ce type-là ! » #MegaBoring.

Genre monsieur lit des bouquins hyper décalés, monsieur est un intellectuel... Tu parles ! Monsieur est surtout un gros con !

Le mec s'appelle Raphaël. Non, mais Raphaël quoi... Quatre consonnes et trois voyelles de merde ! Raphaël, c'est vraiment un prénom qui pue l'embrouille ! Le vieux prénom d'intellectuel de la rive gauche : « Oui, bonsoir, je m'appelle Raphaël, je lis des livres... »

Non mais quel connard...

Le pire, c'est qu'il n'est pas mal !

Capillairement, il est très proche de Leonardo DiCaprio dans *Titanic* en brun – ce qui lui donne un petit air romantico-mystérieux-insaisissable absolument insupportable et complètement craquant – et par conséquent en fait l'objet de toutes mes convoitises[9].

---

9. En 1998, à la sortie du film, j'allais chez le coiffeur avec une photo de Jack Dawson en poche avec (déjà) la densité capillaire du cuir chevelu de Bruce Willis – période *Armageddon*, ouais, c'est chaud !

Je suis sorti de là les bras chargés de deux gros sacs IKEA remplis de bricoles diverses et variées que j'avais dû laisser chez lui – je n'ai pas eu le courage de regarder tout de suite – mais surtout complètement dépité ! Le mec avait clairement flirté avec le nouveau barman du café dans lequel NOUS avions nos habitudes ! Il n'avait juste pas le droit de me faire ça. Ce bar devait rester un vestige de ces années passées à nous aimer et rien ne devait changer ça.

Pour moi, il était absolument inconcevable qu'il puisse s'y créer d'autres souvenirs que ceux que nous avions partagés. Ce bar était une des rares choses qui me raccrochaient encore à lui et soudain, je le sentais, Clément était en train de m'échapper, vraiment.

J'ai essayé d'appliquer les conseils de mes potes, de me concentrer sur moi, sur ce qui me faisait du bien. J'ai réussi à passer un petit peu à autre chose et voilà que, trois jours plus tard, en me « baladant » sur la page Facebook de mon ex – j'y passe les trois quarts de mes journées –, je m'aperçois qu'ils sont devenus amis ! Je ne suis pas allé chercher très loin, c'était écrit sur son profil à gauche, juste en dessous de sa photo…

Amitiés récentes : Raphaël.

S'en est suivi un monologue intérieur assez intense que je vous retranscris ici :

Trois jours après qu'il l'a vu dans le bar, il l'ajoute sur Facebook !

Ou il accepte sa demande d'ami, peu importe !

Non mais en fait, mon ex fait la micheto sur internet, y a pas de souci ! Tout va bien !

Non mais moi, j'en ai rien à foutre, il peut se faire gangbanger dans les caves de la cité des 4 000 par une bande de grosses racailles, grand bien lui fasse !

C'est quand même vraiment un enfoiré le mec quoi… Comment je suis censé le prendre, moi ? Alors ça fait un mois et demi qu'on s'est quittés et monsieur a décrété que ça ne devrait pas poser de problème qu'il affiche aux yeux de tout le monde qu'il est en train de reconstruire sa vie !

Il est terrible ce Raphaël en plus. Évidemment je suis allé voir son profil ! Euh… Hello ! Son Facebook est rempli de citations de Freud, de photos de paysages désertés, il a l'air de passer son temps à penser et à lire des bouquins super chiants. Comme Clément…

En plus du bar le mec bosse à l'hôpital ! Et pas un truc de merde… Y a une photo de lui au bloc ! Genre le mec il sauve des vies… Le mec, il lit Freud, il est mignon et il sauve des vies ! Mon Dieu, ils vont tellement tomber amoureux !

Et le mec fait de l'humanitaire ! Dans trois mois il part en Birmanie pour faire un chantier humanitaire, à tous les coups, mon ex va l'accompagner, ils vont décider de s'installer là-bas, de construire une maison, Clément va se rendre compte que notre relation était insipide, que j'écoute du Britney H24, que je lis Voici *sur la plage en été et que parfois, je danse en sous-vêtements sur du Justin Bieber, ils vont décider d'ouvrir une école dans laquelle ils apprendront à lire à des petits orphelins, ils vont se marier, adopter plein de petits gamins, et ils passeront le restant de leurs jours à parler littérature pendant des heures comme deux connards…*

J'ai envie de crever !

Après de longues minutes d'une réflexion particulièrement pertinente – vous l'aurez compris –, je suis arrivé chez moi et ai décidé de prendre le taureau par les cornes : ouvrir ces sacs IKEA et faire le tri dans ces ruines de notre vie commune.

Des t-shirts, des sous-vêtements, le DVD de *Casino* de Martin Scorsese qu'on devait regarder ensemble, une crème que j'avais laissée dans sa salle de bains pour ces soirs de la semaine que je passais chez lui, un bougeoir affreux qu'une de ses tantes m'avait offert à Noël et que j'avais jusqu'ici refusé de remporter. Il n'y avait pas grand-chose finalement, que des babioles auxquelles je n'attachais pas vraiment d'importance. Ce n'est qu'en terminant de vider le second sac que j'ai fini par m'effondrer. Il y avait mis les clefs de chez moi. Elles étaient là, petites, un peu perdues au milieu de ce grand cabas bleu. Je savais qu'il me les rendrait, je savais qu'il fallait que je les récupère, mais tout à coup, les choses devenaient trop réelles pour moi. C'est idiot, mais c'est comme s'il venait de me rendre les clefs de notre intimité et je ne savais pas quoi en faire.

Clément et moi c'était fini. Il n'y aurait plus de matin à deux. Plus de soirées DVD en amoureux. Plus de projets de vacances. Plus d'expos. Plus de restos. Il ne rentrerait plus chez moi comme si c'était chez lui. Je ne le verrais plus attendre derrière la porte avec un bouquet de fleurs. Je ne m'endormirais plus à ses côtés pendant qu'il serait en train de bouquiner. Il n'y aurait plus de dimanches après-midi à le regarder dessiner. Tout me revenait. L'odeur de son cou, de son sexe, de ses doigts, sa manière de me caresser les lèvres.

Raphaël n'était certainement rien pour Clément. Aujourd'hui, nous avions juste accepté le fait qu'on essayait de passer à autre chose et c'était la première fois que tout paraissait prendre forme. Si on ne faisait rien, nous pourrions passer le restant de nos jours sans nous reparler. Doucement, je sortais de cet état végétatif. J'étais là, devant ces sacs éventrés, en pleurs, et maintenant, il fallait avancer.

NB : J'ai filé les clefs de chez moi à une de mes meilleures copines, placées en quarantaine, je ne savais pas encore quoi faire de ce double que j'avais décidé de confier à celui que je pensais être « le bon » et ne pouvais quand même pas me résoudre à les donner à mes parents – j'essayais tant bien que mal de garder un semblant de dignité.

« Je n'étais pas de celles
À qui l'on fait la cour
Moi, j'étais de celles
Qui sont déjà d'accord
Vous veniez chez moi
Mais dès le lendemain
Vous refusiez en public
De me tenir la main »
Bénabar

BUDGET PSY : 1 entrée en boîte, 13 tickets conso et 60 préservatifs – volés dans les toilettes

Je n'ai pas fait le décompte du nombre de bouteilles d'eau pétillante, mais c'était si scandaleux pour la planète que j'ai fait l'acquisition de cette machine fabuleuse qui fabrique l'eau qui pique à la maison !

Période de célibat amorcée rime avec soirée trop arrosée.

Les premiers samedis soir post-rupture font d'ailleurs généralement partie des pires samedis soir de la vie de tout un chacun. Les fameux soirs où tu apprends à perdre quelque chose de précieux dont tu avais tant pris soin jusque-là et qui va prendre très cher dans les mois à venir… ta dignité !

Ça fait plusieurs jours que tous tes potes n'en peuvent plus de te voir te moucher sur leur épaule et décident donc d'un commun accord de te pousser à t'amuser – traduction : à picoler – pour oublier celui qui est à l'origine de ta détresse amoureuse.

Tu passes donc la majeure partie de ta soirée à danser sur de la musique dite « commerciale[10] » dans l'appartement d'une copine dans lequel tu te permets absolument tout[11] puisque tu es entouré de personnes bienveillantes qui

10. Entendez par là le meilleur des années 90-2000 : Britney Spears, Destiny's Child, Larusso, Lorie, Assia, Jamelia, Diam's, Kelis, les Spice Girls, Justin Timberlake, Pussycat Dolls, Rihanna, Tragédie, L5, Jenifer, Céline Dion, Avril Lavigne, Sean Paul, Gala, Lady Gaga, K'Maro, Shakira…

11. Danser à quatre pattes, twerker sur une table basse ou essuyer le verre que t'as renversé en te prenant pour une soubrette sexy alors que t'as juste la tronche d'une Amy Winehouse en pleine descente…

connaissent tes circonstances atténuantes et, accessoirement, sont au même niveau d'alcoolémie que le tien.

La soirée démarre donc sur une note assez exaltante qui te fait croire que le célibat te donne finalement des ailes et te fait voir ta rupture amoureuse sous un tout nouveau jour beaucoup plus… clairvoyant ?

Non mais attends le mec m'a quitté mais il a raison !

Moi ? Moi ? Moi ?

Moi, des mecs j'en trouve quand je veux !

Attends ! Il croit je vais rester toute ma vie à l'attendre ?

« J'ai l'impression que je te rendais pas heureux… » Mais ta gueule !

Tu sais quoi ? Tu sais quoi ? Tu sais quoi ? Qu'il aille bien se faire foutre !

C'est un nouveau moi que je découvre là tu vois ?

Je me sens bonne ! Je me sens fraîche ! Je me sens disponible !

Franchement, là, je le sens, je vais pécho ce soir !

C'est même sûr ! Ce soir ? Je baise !!! Ahahah !

Mais tellement !

Ce soir, je prends le contrôle de mon body et je m'envoie en l'air avec un mec super canon en mode Ryan Gosling !

Whou !!! Qui est-ce qui va se taper Ryan Gosling tonight ??? C'est moi !!!

C'est ma soirée ou c'est pas ma soirée ??

Voilà, on tient en ces quelques répliques le gros problème du mélange alcool + week end + rupture compliquée.

Retrouver confiance en soi est une très belle chose, bien qu'elle puisse être un peu excessive après une dizaine de vodka tonic. Le gros problème, c'est surtout que cet excès de zèle devrait rester dans la sphère privée de l'appartement de cette fameuse copine qui accepte que tu te frottes aux accoudoirs de son canapé en cuir sur du Rihanna…

Les centaines de personnes qui vont te voir faire la même chose sur la barre de pole dance du podium du Macumba, elles, n'étaient pas prêtes.

Je n'ai donc pas échappé à la règle.

Ce fameux premier samedi soir, je suis rentré avec quelqu'un… Un mec.

Enfin non. Une erreur.

Pour ma défense et comme le veut le protocole, j'étais déjà bien attaqué en arrivant en boîte – j'ai fait la bise au videur… très mauvaise idée !

J'avais bu pour oublier Clément, m'oublier un peu moi aussi et surtout pour me donner assez de force pour choper le plus beau mec de la soirée – traduction : celui qui voudrait bien de moi.

On ne va pas se mentir et faire genre : « J'ai été hyper sage, je n'ai bu que deux mojitos ! » Si je sors en soirée – et plus particulièrement dans ces circonstances –, c'est pour être – complètement – bourré et rentrer accompagné, sinon ça ne sert à rien !

Sauf si tu es ce genre de personne insupportable qui sort en boîte pour « s'amuser »…

Non, mais « s'amuser ».

Genre aller danser avec tes potes, te taper des barres, boire des coups mais pas trop, juste pour le plaisir de passer un bon moment ?

Limite, t'es à deux doigts de te souhaiter un bon dimanche, quoi… Non !

Un samedi soir en boîte où je ne suis pas bourré, c'est comme les dimanches réussis, ça n'existe pas.

Bref, je rentre donc avec ce mec vraiment pas dégueulasse – et c'était vrai en plus ! Cela faisait longtemps que je n'avais pas été seul, mais je connaissais mon niveau de confiance en moi et je m'imaginais bien en célibataire prêt à tout pour se faire aimer du premier connard qui passe du moment qu'il m'accorde un minimum d'attention…

Ce fameux genre de mec auquel tu roules des pelles immondes à la fermeture du club, qui t'a un peu maté du coin de l'œil toute la soirée et sur lequel tu déverses ta bave au bar avec tes copines à base de :

« Non mais le mec il m'a regardé ? Il a trop cru, quoi ! Il est ouf ! »

Pour finalement le soudoyer quelques heures plus tard pour qu'il t'accompagne chez toi :

« Tu veux rentrer avec moi ?

Rentre avec moi…

Tu veux me laisser rentrer seul et que je me fasse violer, c'est ça ?

T'as faim ?

Franchement, si tu veux je te fais des pâtes au parmesan à la maison… J'ai la PlayStation de mon ex en plus chez moi…

Si tu veux je te suce pendant que tu joues à la PlayStation… »

Là, le mec avec lequel je rentrais, physiquement, il était beau ! J'étais un peu fier de passer devant le vestiaire avec lui à mon bras ! Intérieurement, je pensais :

« Moi, ce soir, si je chope une MST, au moins elle aura une belle gueule !

Je serai peut-être sous antibios pendant quelques jours mais putain, pour une fois, mon herpès il aura pas la dentition de Didier Deschamps ! »

On arrive chez lui. Et là, ce que je n'avais pas remarqué depuis le début de la soirée, c'est qu'en fait le mec avait une gueule de connard. Mais le connard que tu ne repères pas tout de suite.

C'était le prototype même du mec beau qui fait semblant de pas le savoir au début pour te charmer et qui, une fois qu'il est arrivé à ses fins, te montre son vrai visage !

Ambiance gros pervers narcissique, c'était juste tout ce dont j'avais besoin…

Le pas de la porte à peine franchi, ce qui devait se passer arriva. Le type s'est littéralement jeté sur moi… J'étais flatté par son entrain mais également légèrement agacé par son insistance à appuyer ma tête en direction du sud !

C'est marrant ces mecs qui arrivent à penser que prendre ta tête pour un buzzer de « Questions pour un champion » est une manière subtile de te faire comprendre qu'ils ont envie que tu les suces !

Finalement, je finis par m'exécuter, las de résister à ses tentatives subtiles à répétition. Dans le feu de l'action, un peu excité et un peu pour le flatter, je commence à pousser des petits gémissements genre *« Oh mon Dieu, je kiffe tellement te sucer »* alors qu'*a priori*, je n'ai pas un point G coincé dans le fond de la gorge... J'appuie le tout avec un petit *« Putain mais j'adore ta queue ! »*, histoire de lui faire plaisir ! Je préfère le terme pénis – plus élégant à mon sens –, mais j'ai remarqué que ce genre de garçons sont plus stimulés par l'utilisation de l'argot que quand on s'adresse à leur cerveau. Bref, j'essaie de faire les choses bien mais je n'aurais jamais dû !

Nous n'allions jamais passer à autre chose. Je n'étais que l'instrument qui servirait à assouvir son plaisir personnel. J'aurais pu me dire que je suis hyper doué, que le mec est à fond et qu'il prend tellement de plaisir qu'il n'arrive même pas à penser à autre chose[12]. En fait, j'ai juste réalisé que j'avais, pour la première fois de ma vie, affaire à ce genre de mecs qui ne pratiquent pas le sexe par plaisir mais parce qu'ils aiment l'image qu'ils renvoient d'eux, même pendant le sexe !

Je m'explique.

En fait, le type n'était pas en train d'apprécier de se faire prodiguer une fellation, non, le mec s'était carrément détaché de son corps, il était devenu une espèce de drone qui volerait au-dessus de nous et qui se regarderait en train de se faire sucer…

Ce qui lui faisait le plus plaisir n'était pas la sensation physique mais le fait de savoir que si des gens pouvaient nous observer, ils le trouveraient hyper sexy… Le mec n'était pas du tout dans le partage, il était en train de baiser avec lui-même !

Toute personne normalement constituée – munie d'un minimum d'estime de soi – aurait quitté les lieux sur-le-champ ! Mais moi, non.

---

12. J'aime bien me faire des films. Enfin mollo, y avait pas de bougie, de pétales de rose ni rien, y avait juste son bol de nouilles chinoises qui faisait trempette avec son reste de Choco Pops dans l'évier, on était loin du trip comédie romantique…

Moi, je me sentais seul, idiot, à genoux devant ce type à l'ego surdimensionné. Je pensais à Clément et à combien il aurait honte de moi s'il savait ce que j'étais devenu. Une personne vivant à travers le regard des autres qui arrive à se contenter d'un moment sordide avec un garçon sans intérêt qui ne connaît sans doute même pas son prénom.

Je suis sorti de l'appartement de ce Dom Juan des temps modernes une dizaine de minutes plus tard. Il faisait jour. Je déteste ce moment-là. Entendre les oiseaux chanter les premières heures du matin est une véritable angoisse pour moi quand je n'ai même pas encore posé ma tête sur l'oreiller. J'ai traversé deux arrondissements pour rentrer chez moi ! Les joggers commençaient leur footing, les maraîchers installaient leurs étalages et moi je puais l'alcool et le sexe. Mais le sexe sale, le sexe sans plaisir, le sexe sans partage. J'ai pensé à Cersei de *Game of Thrones* et imaginé que les vendeurs du marché me lançaient leurs tomates à la figure en hurlant « *Shame !* » tant j'avais honte de moi. J'ai fumé une ultime cigarette, la dernière du paquet – signe que cette longue nuit devait se terminer – et me suis effondré en me promettant une chose : j'étais seul, pas du tout en phase avec moi-même, mais plus jamais je ne devrai m'imposer ça…

LISTE – NON EXHAUSTIVE – DES CHOSES CONSTRUCTIVES À FAIRE QUAND ON TRAVERSE UNE RUPTURE AMOUREUSE

– Changer d'appart !

Si t'as un CDI, de bons garants, une lettre de ton boss affirmant qu'il n'a pas prévu de te licencier dans le siècle à venir, un acte de naissance de tes parents et grands-parents, un certificat attestant la virginité de ton casier judiciaire et la volonté suffisante pour te lancer dans les visites à répétitions de taudis à 850 euros par mois avec vue sur le local poubelles…

– Redécorer ton appart – plus commode que l'option précédente – en matant l'intégrale des émissions de Valérie Damidot et t'offrir ce magnifique sticker dauphin, ou cheval, dont tu rêves depuis ta plus tendre enfance !

– Te refaire l'intégrale de *Friends* et t'apercevoir que t'as le même âge que Rachel dans la saison 8 et qu'il ne te reste plus que deux saisons avant de devoir faire une croix sur ton *happy ending*…

– Prendre soin de toi – masques, gommages, bains – et culpabiliser en voyant l'eau chaude couler en abondance puis te jurer de voter écolo aux prochaines élections parce que, comme le dit ta copine Julia, fumeuse de pétards qui bosse pour Greenpeace : « Les gens sont tellement irresponsables ! »

– Mater *La Petite Sirène* avec ta BFF (*best friend for ever*) dans un canapé rempli de coussins, sous une couverture toute douce et moelleuse, en buvant une piscine de rosé, une main dans une boîte de Ferreros, un pétard à la bouche, et pourrir tes voisins avec un karaoké improvisé sur toutes les chansons du film – beaucoup trop de tubes, c'est chaud !

– Fumer une clope à ta fenêtre le dimanche soir en écoutant du Françoise Hardy et te croire dans un film d'auteur français super chiant mais qui aurait une super critique dans *Les Cahiers du cinéma*. NB : Ça fonctionne aussi très bien avec Barbara, Alex Beaupain, Jacques Brel, Ben Mazué ou Céline Dion – si ton film ressemble davantage à une comédie avec Renée Zellweger !

– Faire du tri dans tes fringues et donner ce que tu ne portes plus à une association type Emmaüs. Ça fait beaucoup de bien de faire une bonne action quand t'as l'impression que le monde entier te crache à la gueule, et c'est généralement bon pour ton karma ! À l'exception de Lady Di… RIP.

– Mater l'intégrale des épisodes de « Confessions intimes » spécial jalousie et te dire que finalement c'est pas si grave d'être célibataire…

– T'acheter une fringue stylée que t'aurais jamais osé t'offrir auparavant et te prouver que tu es bien en train de changer !

– Te faire couper les cheveux parce que nouveau look pour une nouvelle vie ! On change tout !

Cette option concerne les gens qui ONT des cheveux, ou du moins assez de masse pour procéder à un changement de look significatif. Je vous déteste…

– Partir en voyage en mode *Mange Prie Aime* et s'apercevoir qu'avec ton budget tu ne peux t'offrir qu'un week-end en banlieue – c'est l'intention qui compte.

NB : Non, boire des coups et fumer des clopes n’est pas objectivement « constructif »…

TOP 50 DES PIRES VRAIES EXCUSES UTILISÉES POUR QUITTER QUELQU'UN

Partie 2/5

Tu sais, si ça continue comme ça, on ne va pas pouvoir continuer…

Ah ouais ? Bah si c'est comme ça on arrête tout !

Tu n'es pas assez haut de gamme !

Tu es trop belle pour moi.

Un jour tu le réaliseras, tu vas me quitter et moi je souffrirai…

Je te rappelle, je passe à table.

(C'était il y a cinq ans.)

Je suis hyper heureux en ce moment mais j'ai compris que c'était grâce à toi.

Faut d'abord que j'aille voir un psy et ensuite on reparlera de notre historie !
Genre dans un ou deux ans…

J'ai rencontré quelqu'un d'autre.
C'est toi mais en mieux !

Toi tu es un voilier qui met les voiles.
Moi je suis une barque ancrée dans son port…

Je t'ai trompé et c'était mieux qu'avec toi.

T'es un trop bon coup !
Je préfère te garder en plan cul !

– T'aimeras toujours ton ex…
– Mais il est mort !
– Justement, tu ne seras jamais déçue par lui, ça m'angoisse !

« Quand on s'est connu,
quand on s'est reconnu
Pourquoi s'perdre de vue,
se reperdre de vue ?
Quand on s'est retrouvé,
quand on s'est réchauffé
Pourquoi se séparer ? »
Jeanne Moreau

BUDGET PSY : 62 paquets de bonbons, 38 paquets de mouchoirs et 1 002 allumettes

Je mets au défi quiconque d'allumer une cigarette avec ces bouts de bois du premier coup dans le vent en pleine campagne !

En dehors du sentiment de tristesse qui ne cessait de m'envahir depuis que Clément avait décidé de mettre un terme à notre histoire, je ressentais une profonde sensation de frustration.

Je vivais cette rupture comme un échec.

Durant toute ma – courte – vie, je me suis persuadé que je n'aurais qu'un seul amour.

J'ai passé mon enfance à regarder Ariel attendre de pouvoir retrouver sa voix pour déclarer sa flamme au prince Éric et la princesse Aurore patienter que son cher et tendre veuille bien lui accorder un smack – je me demande combien de garçons j'ai « réveillés » comme ça !

Mes parents non plus ne m'avaient pas aidé. À mes yeux, ils étaient un couple indestructible, infaillible, qui resterait soudé quoi qu'il arrive. Ils ne semblaient jamais s'engueuler et paraissaient tellement complémentaires que je n'ai jamais pensé au fait qu'ils puissent un jour se séparer. Chose qu'ils n'ont d'ailleurs jamais faite !

J'étais donc coincé entre des parents qui s'aiment – quand on connaît le pourcentage de chances qu'a un couple de divorcer à notre époque, je joue quand même d'une sacrée dose de malchance ! – et un gang de princesses qui ne cessaient de marteler à mon inconscient : « Le premier, c'est le bon ! »

Naturellement, je n'avais pas été uniquement confronté aux problèmes des princesses Disney[13], mon grand-père avait tenté de me ramener à des préoccupations un peu plus « viriles » en m'emmenant voir *Le Roi Lion* au cinéma[14].

J'avais adoré le film mais clairement, il m'avait moins touché. La quête du grand amour semblait m'être beaucoup plus proche, beaucoup plus vitale que celle de revenir sur ses terres natales pour défendre l'honneur de son père, qui pour ma part était toujours vivant[15]... Décidément, il cumule celui-là !

Comme ces princesses, ma vie ne semblait pas avoir de sens tant que je ne me sentirais pas aimé. Autant vous dire que j'avais attendu cette première histoire d'amour comme le Messie. Seul inconvénient, les histoires d'amour des

---

13. Oui je chantais seul chez moi et passais le plus clair de mon temps à rêver de mon futur prince charmant, mais je n'ai jamais engagé de conversation philosophique avec des animaux – du moins pas avant ma première cuite au JaggerMeister, un enfer ce truc !

14. Fuir par culpabilité, manger des vers en regardant ses potes lâcher des caisses avec pour leitmotiv « pas de souci » était clairement plus masculin que de fantasmer à l'idée de développer un syndrome de Stockholm, merci *La Belle et la Bête*.

15. Pas un gnou en vue dans le 5e arrondissement de Paris.

princesses, elles, ne s'arrêtaient pas au bout de quelques années – du moins, la chose n'était pas précisée à la fin du générique – et lorsque Clément a sonné le glas de notre histoire, tout ça m'est apparu comme improbable. Si les princesses Disney vivaient heureuses jusqu'à la fin de leur vie avec beaucoup d'enfants et que mes parents semblaient encore amoureux après tant d'années passées ensemble, cette décision qu'il avait prise de me briser le cœur ne pouvait qu'être temporaire…

Une dizaine de jours après l'annonce du décès de ma vie amoureuse, mes parents ont décidé de – me forcer à – partir à la campagne. Nous sommes partis tous les trois dans la maison de famille de mon père à deux heures à peine de Paris pour « nous mettre au vert ». J'avais un peu le sentiment d'être une Britney Spears, une Amy Winehouse ou un Kurt Cobain qu'on emmenait changer d'air pour faire le point sur sa vie et faciliter sa cure de désintoxication. Et pour cause, j'avais déjà commencé à toucher le fond après mon premier *walk of shame* – trajet effectué après avoir eu un coït consenti mais regrettable et séparant l'appartement de ta « conquête » du tien.

Ma drogue à moi, c'était Clément et on ne peut pas se le cacher, se remettre d'une histoire d'amour qui se termine, c'est l'équivalent de se sevrer de la personne de laquelle on est tombé amoureux.

Feu de bois, fauteuil cosy, verres – bouteilles – de vin, tout avait été soigneusement mis en place par mes parents pour me faire me sentir mieux – ou me faire oublier vu la quantité d'alcool et d'eau pétillante que mon père avait chargée dans le coffre de sa voiture.

Ils ont passé la soirée à m'écouter pleurer et renifler en me remémorant tous les meilleurs instants de mon histoire avec Clément. Il n'y avait pas eu que de jolis moments mais mon cerveau était encore incapable de faire ressurgir les mauvais.

Je dressais donc à mes parents le portrait d'une relation absolument idyllique, un amour éternel entre deux individus qui s'aimaient plus que tout et que rien ne pourrait jamais séparer – à moins que l'un des deux ne soit plus tout à fait en phase avec le concept et décide de quitter le navire.

Je me souviens de ma mère qui, au bout de plusieurs heures de conversation, me dit :

« Mais si tu l'aimes autant et que vous souffrez à ce point d'être séparés l'un de l'autre, pourquoi est-ce que vous ne vous remettez pas ensemble ? »

J'avais trouvé ça mignon. Ça paraissait évident dans sa bouche, on aurait dit une petite fille qui demande à ses parents pourquoi on fait la guerre si ça rend tout le monde malheureux.

Pourquoi on ne se remettait pas ensemble ? J'étais trop fort. Je venais de réussir à tellement survendre mon histoire avec Clément que ma mère en avait même oublié le fait que j'étais le seul à vivre cette histoire d'amour parfaite. Si ma vision de notre couple semblait enviable au possible, Clément, lui, avait décidé de me quitter !

Il avait « envie d'autre chose ». Ça n'enlève rien à l'amour qu'il a pu me porter et qu'il me portera toujours, mais nous étions jeunes, nous nous sommes beaucoup aimés – trop peut-être – et Clément a décidé qu'on avait d'autres choses à vivre, d'autres rencontres à faire, qu'on ne pouvait pas rester ensemble sans avoir « vécu » et que s'il le fallait nous nous retrouverions plus tard.

On dit souvent ça quand on quitte quelqu'un. *« Si on DOIT être ensemble, on se retrouvera. »* Encore une jolie manière de se dédouaner du mal qu'on fait à la personne et de se rassurer en se disant qu'on ne la « quitte » pas vraiment. Non, on ne se retrouvera pas. C'est une formule qu'on utilise au moment où on craint le plus de ne jamais se remettre de la séparation, mais c'est bien ça le pire, on finit toujours par s'en sortir.

Je me suis longtemps demandé si ce prétexte qu'il avait avancé de vouloir « vivre d'autres choses », c'était pour aller voir ailleurs. Sûrement. Je ne lui ai jamais demandé et ne tiens pas à le savoir, j'ai eu ma réponse en me confrontant à ma propre solitude.

Ma mère ne comprenait pas cet argument.

« Pourquoi avoir envie de vivre autre chose alors qu'on est avec quelqu'un depuis si longtemps ? »

Dans les faits, elle avait raison. Elle avait rencontré mon père, ils s'étaient aimés, s'étaient mariés, avaient eu des enfants, et aujourd'hui ils apprenaient à traverser les crises auxquelles leur couple devait faire face. La question de la rupture ne s'était pas posée – ou en tout cas, ils ne me l'ont pas dit. Leur génération « ne jetait pas : elle réparait ». J'ai trouvé ça beau, courageux et un peu de mauvaise foi, car mes parents avaient des couples d'amis très proches qui avaient fait le choix de divorcer.

C'est la première fois que j'eus le sentiment de vivre une émotion que ma mère n'avait peut-être jamais ressentie. Elle n'était jamais restée aussi longtemps avec quelqu'un en dehors de mon père, dont elle partageait toujours le lit – ils sont trop *in love*, c'est abusé – et toute cette histoire semblait la dépasser. On était clairement sur un conflit de générations.

La mienne était confrontée aux applications de rencontres, à la tendance du poly-amour[16], à la recherche de l'épanouissement personnel à tout prix, à une forme de liberté à laquelle sa génération à elle n'avait pas eu le droit de goûter. Eux suivaient le chemin de leurs parents, cochaient les cases sans se poser plus de questions parce qu'on leur avait imposé ce carcan. Chanceuse comme elle est, ma mère avait rencontré un garçon absolument charmant,

---

16. Ils m'énervent tellement ces gens qui te regardent de haut sous prétexte que tu entretiens des relations amoureuses « hétéronormées ».

prévenant et terriblement amoureux qui, je crois, ne lui a jamais fait douter du fait qu'elle était bel et bien heureuse à ses côtés.

J'avais le malheur – ou l'opportunité, c'est encore assez flou – de faire partie d'une génération libre qui réclame le droit au bonheur sous quelque forme qu'il soit. Je ne pouvais finalement pas en vouloir à Clément. Plus tard, j'aurais probablement fait ce choix. Pour apprendre à me connaître, intimement, sexuellement. Pour savoir qui je suis, ce que j'aime, ce que je veux vraiment.

Oui, nous nous étions aimés. Oui, c'était dur, insoutenable. Oui, j'allais en baver et oui, j'aurais longtemps l'impression de ne jamais aller mieux, mais il était aussi en train de m'offrir la possibilité de m'ouvrir au champ de tous les possibles. Pour le meilleur et – surtout – pour le pire !

« Stronger than yesterday
Now it's nothing but
my way
My loneliness
Ain't killing me no more
I, I'm stronger. »
Britney Spears

BUDGET PSY : 54 ouvrages de développement personnel, 12 séances de yoga et 1 séance de relooking chez Cordula

Quoique j'ai le sentiment d'être de moins en moins en phase avec sa version du « look parfait » à la fin des Reines du shopping*… C'est comme la passion de Valérie Damidot pour les stickers, je ne suis pas serein !*

Je crois que le plus insupportable quand tu es célibataire et que tu t'apprêtes à revoir ton ex à une soirée d'amis communs, c'est ta pote

– entendez l'espèce de connasse qui se permet de te donner son avis alors qu'elle ne t'a jamais proposé d'aller boire un verre quand il/elle t'a quitté – qui, lorsque tu émets un léger doute quant au fait que tu aies vraiment envie de le revoir pour la première fois depuis que vous vous êtes rendu vos affaires dans ces conditions, te balance ces fameux arguments culpabilisants :

– Oh ça va !

– On ne va pas passer le reste de notre vie à ne pas inviter l'un parce que l'autre vient !

– Faut avancer…

– Y a pas mort d'homme, hein !

– Vous avez passé des années ensemble, vous pouvez bien vous supporter pendant une soirée !

– De l'eau a coulé sous les ponts quand même !

– Ça va, y a prescription !

« Y a prescription ! » Qu'est-ce que cette expression signifie concrètement ?

Non, parce que la soirée se passait exactement un mois après notre séparation, pouvait-on vraiment envisager qu'assez d'eau avait coulé sous les ponts alors que j'avais encore la sensation d'être quotidiennement en train de me noyer dans un verre rempli de mes propres larmes ?

J'ai longtemps hésité.

Y aller, c'était forcément faire en sorte d'être plus désirable que jamais, je devais respirer la confiance en soi, que Clément sente que j'étais au paroxysme de mon épanouissement sexuel, personnel, professionnel ! Or, clairement, à cet instant T de ma vie, la seule chose que j'inspirais aux gens, c'était de la pitié…

Soyons honnêtes. Quatre semaines s'étaient – difficilement – écoulées et je passais encore le plus clair de mes journées à me cacher dans les toilettes du boulot pour pleurer, mes soirées à manger de la glace devant des séries que je connaissais déjà par cœur – merci *Desperate Housewives* – et mes week-ends à picoler, fumer des clopes en terrasse en racolant le moindre mec qui passait dans l'espoir que l'un d'entre eux – n'importe lequel – daigne poser les yeux sur moi.

Pour faire court : je puais la détresse.

On était jeudi, la soirée était le samedi – plus que deux dodos –, je n'avais donc clairement plus le temps de contacter M6 pour leur proposer une émission « Nouveau look pour une nouvelle vie » spéciale « Cristina Cordula doit relooker un déchet qui s'habille en polaire et Birkenstocks depuis plusieurs semaines dans la perspective d'une soirée à laquelle il doit assister en se faisant passer pour une bombe sexuelle aux yeux de son ex ». Le challenge, même pour Cristina, paraissait de toute façon insurmontable.

L'idée même de retrouver Clément dans un endroit où nous avions passé tant de soirées avec « nos » ami(es) me terrifiait. Le savoir dans le même appartement sans pouvoir le toucher, l'embrasser. J'allais me confronter au fait qu'il allait peut-être même passer une bonne soirée sans qu'on soit ensemble, puisque la chose était certaine : nous allions nous éviter.

C'est fou ce concept de rupture qui instaure entre deux individus qui ont passé des nuits collés l'un à l'autre à faire les pires – entendez les meilleures – cochonneries du monde une distance telle qu'on ne sait même plus comment s'adresser la parole.

Ce n'était plus mon amoureux, plus mon amant, pas mon ami, et pourtant il connaissait absolument tout de moi ! Que ce soit de mon passé, de mes envies, de mes angoisses, de mon corps, le mec connaissait mes moindres recoins et pourtant nous allions passer la soirée à nous reluquer du coin de l'œil par peur de ne pas adopter le « bon ton ».

La veille, après avoir passé la soirée avec mon groupe de copines – on s'appelle « les Jeannies », ça fait un peu groupe de vieilles qui seraient potes depuis cinquante piges et qui se raconteraient encore leurs histoires de cul post-ménopause – et fumé – beaucoup – de pétards, j'ai décidé que je me rendrais à cette fameuse soirée. Ces potes chez qui elle se déroulait étaient autant mes amis que les siens et il n'y avait aucune raison que je les prive de ma présence « sous prétexte que cet enfoiré a pris l'initiative de ruiner ma vie sentimentale » !

J'étais donc remonté à bloc, j'avais même réussi l'exploit de me motiver pour aller au sport dans la journée pour me sentir hyper « fresh » le soir venu – motivation perdue au réveil, le pétard donne parfois beaucoup d'ambition – quand soudain un problème auquel je n'avais encore pas pensé m'a sauté aux yeux : comment allions-nous nous dire bonjour ?

Des années à se rouler des pelles, à s'embrasser partout, à se lécher. Le matin avec une haleine de chacal, le soir avec trois grammes dans chaque bras, l'après-midi en sueur après un footing, nous avions tout partagé, son sang coulait peut-être même dans mes veines, et là quoi ? On allait se faire la bise comme on la fait à Monique, la nana de la compta, pour son pot de départ à la retraite ?

Je ne pouvais me résoudre à ça. Je ne pouvais pas lui faire la bise. Nous n'étions pas que ça ! Pour moi, pour nous, pour les gens qui nous entoureraient ce soir-là, nous ne pouvions pas faire ça. Il fallait trouver autre chose. Une manière à nous de nous retrouver, quelque chose à mi-chemin entre ce que nous avions été et ce que nous serons peut-être un jour : des amis ? J'y ai réfléchi longtemps, j'ai retourné les différentes options – y en a pas mille –, pour finalement opter pour l'accolade, le *hug*.

Clément était maladroit et n'oserait certainement pas faire le premier pas pour me faire la bise, j'imposerai donc ce *hug*. Je le serrerai dans mes bras pour lui rappeler toute la tendresse que l'on se porte, mais pas de bise !

Au départ, j'avais imaginé lui faire une bise. Comme un baiser posé sur un coin de la joue, près de son oreille. Je trouvais ça assez charmant quand, dans les films des années 1950, les gens flirtaient en se donnant une bise, comme une marque d'affection volée au passage. Malheureusement, Clément et moi ne flirterions *a priori* pas ce soir-là et je pris le parti d'en rester à cette fameuse « accolade ». Si mes lèvres n'avaient plus le droit de l'embrasser que sur la joue, je préférais qu'elles ne l'embrassent pas du tout.

Je suis arrivé à la soirée habillé sobrement. Si on devait résumer ma tenue, je pense que « Je fais le deuil de ma relation mais je suis en pleine reconstruction, je commence à aller vachement mieux, bientôt je vais rencontrer quelqu'un de toute façon, je le sens ! » fonctionne plutôt pas mal… J'avais le cœur qui battait la chamade à l'idée de croiser le regard de Clément et je guettais les moindres recoins de l'appartement dans l'espoir de voir son joli minois tout en gardant une certaine froideur – ambiance regard de Victoria Beckham, pour éviter de m'effondrer en larmes – quand soudain la même « pote » qui m'avait fait chier trois jours plus tôt en m'expliquant qu'il « fallait que je me comporte en adulte et que je ne pourrai pas passer ma vie à éviter mon ex » m'annonça que Clément ne viendrait pas.

Je n'ai pas demandé pourquoi. Je le savais. C'était trop dur. Ce n'est pas prétentieux de ma part, c'était trop dur pour moi aussi. Trop tôt. Il avait juste été adulte et admettait ainsi qu'il ne servait à rien de se faire du mal en se retrouvant pour la première fois dans un endroit qui ne se prêtait absolument pas à ce genre de rencontres. Il avait été mature, intelligent, et moi je jubilais à l'idée que tout le monde saurait que ce soir, moi, j'avais pris le risque de venir et que lui non. Dans ma tête, j'étais une gamine de 15 ans qui venait d'avoir une bonne note à un contrôle sans réviser en copiant sur son voisin.

J'ai bu des coups avec mes potes. Parlé de tout sauf de Clément. C'était la première fois que je me retrouvais un peu depuis des semaines. Durant quelques heures, j'étais bien. Un peu pété mais bien. Clément n'était pas là et si je regrettais un peu de ne pas pouvoir croiser son regard, j'avais le sentiment d'avoir gagné une bataille. C'était complètement immature mais qu'est-ce que ça m'a fait du bien !

MONOLOGUE INTÉRIEUR QUAND TU ENVISAGES L'IDÉE DE POTENTIELLEMENT POURQUOI PAS RECOUCHER AVEC TON EX

J'aimerais tellement faire l'amour là…

Pas baiser ! J'ai envie de partager quelque chose de fort avec quelqu'un.

Mais genre quelqu'un que j'aime bien !

Pas un petit coup rapide…

Je suis resté beaucoup trop longtemps en couple, du coup j'ai genre aucun numéro à appeler.

C'est l'enfer…

Tous mes potes, filles incluses, ont des *sexfriends* à appeler pour « dépanner », et moi rien !

Même ma main gauche finit par être blasée de ne toucher personne d'autre que moi, ça commence à être tendu !

Y a forcément quelqu'un…

Quelqu'un avec qui je pourrais…

Avec Clément, c'était tellement bien le sexe !

Mais c'est pas possible.

…

Ou alors…

Mais non !

…

Je ne vais quand même pas envoyer un message à Clément pour lui dire que j'ai envie de coucher avec lui.

Ça fait vraiment désespéré…

Il va penser que je n'ai pas du tout tourné la page…

Et en même temps, est-ce que j'ai vraiment tourné la page ?

…

Sinon, je peux la jouer : « Je suis tellement passé à autre chose et justement je t'appelle pour baiser parce que pour moi ça ne veut absolument rien dire. »

Non mais je ne peux pas faire ça, c'est horrible et tellement pas vrai en plus !

Et si lui pense ça ?

Est-ce que lui oserait m'envoyer un message pour me dire qu'il a envie de moi ?

Il y a forcément pensé…

Si moi j'y ai pensé, statistiquement, il y a pensé, c'est certain !

Et tous ces gens qui disent que c'est pas une bonne idée de recoucher avec son ex…

Je vois pas pourquoi !

Ça pourrait même être un acte thérapeutique pour se dire au revoir !

On se rend bien les affaires qu'on a laissées chez l'autre, on peut bien se rendre nos sentiments de manière corporelle !

Ce serait une manière de passer à autre chose, quoi…

Une manière de tourner la page en passant une dernière fois ma main dans ses cheveux, en sentant son visage dans mon cou, ses doigts agrippant mes fesses…

STOP !

Ok, donc là c'est *50 Shades of Grey* dans ma tête, ce n'est pas du tout une bonne idée !

Mais si on recouche ensemble, peut-être qu'il va se rendre compte qu'il a pris la pire décision de sa vie en me quittant…

Je ne peux décemment pas lui envoyer un SMS pour lui proposer un 5 à 7, mais je pourrais mettre en place un stratagème pour le faire rentrer dans mes filets…

Ahahahahah ! J'adore quand je suis machiavélique comme ça !

J'aimerais tellement avoir le rire de la méchante de *La Petite Sirène* dans ma tête quand j'échafaude des plans dignes de Cersei dans *Game Of Thrones*…

On a forcément un pote en commun qui prendra l'initiative de nous réinviter tous les deux à une soirée à laquelle – cette fois-ci – il viendra...

Peut-être qu'il n'est pas venu la dernière fois exprès pour m'allumer un peu.

Il savait qu'on allait recoucher ensemble mais il ne voulait pas que ce soit trop facile !

En fait, le mec n'est pas venu à la soirée parce qu'il m'aime encore !

À la prochaine fête, je fais encore pire !

Je ferai en sorte de la jouer super distant tout en étant hyper charmant et aguicheur toute la soirée...

Je pourrais même laisser un mec me draguer devant ses yeux, ça le rendrait fou et au moment où je ferais semblant d'aller chercher mes clopes dans mon manteau, il me rejoindrait discrètement dans la chambre pour me sauter dessus !

On commencerait à s'embrasser langoureusement dans les manteaux des invités avant qu'il ne me dise de le suivre chez lui pour terminer la nuit « comme on sait si bien le faire »...

Oh là, là ! Ce serait tellement bien qu'il dise ce genre de phrase !

On se réveillerait le matin dans les bras l'un de l'autre, il irait nous chercher un petit déjeuner et on passerait la journée tous les deux à faire l'amour comme deux ados qui découvrent leur sexualité !

Il me dirait que la fois où on s'est redonné nos affaires il ne pensait qu'à m'embrasser, il me prendrait dans ses bras et me demanderait ma main !

…

…

Je me demande si ça arrive ce genre de retrouvailles.

Je n'ai tellement pas les épaules pour les allumeurs en plus !

Moi je ne suis pas le mec insaisissable qu'on désire…

Moi je suis le mec qui quémande, c'est horrible !

Je viens quand même d'imaginer que mon ex me demande en mariage après une partie de jambes en l'air alors qu'on n'est plus du tout ensemble.

Ça fait beaucoup trop longtemps qu'on ne m'a pas touché là, il faut vraiment que je me détende…

TOP 50 DES PIRES VRAIES EXCUSES UTILISÉES POUR QUITTER QUELQU'UN

Partie 3/5

Mon chien ne t'aime pas.
C'est mauvais signe…

Je pars en vacances la semaine prochaine.
J'aime pas tromper les gens, je préfère qu'on arrête…

T'es même pas juive !
Nous c'était pour s'amuser…
T'es entre le rien et le mariage, et là j'ai décidé de prendre ma vie en main !

– J'ai rêvé que tu n'étais pas la femme de ma vie…
– Mais c'était un rêve !!!
– Prémonitoire, je t'assure !

Je suis désolé, je te quitte.

Je préfère être honnête, je préfère ta sœur…

Notre histoire, c'est celle de Roméo et Juliette.

Moi je suis team PSG et toi OM, ça marchera jamais…

Je te quitte pour retourner avec mon ex.

Je ne supporte pas l'idée qu'elle puisse coucher avec un autre que moi !

Ah mais pour moi c'était tellement évident qu'on n'était plus ensemble, je ne voyais pas l'intérêt de te prévenir…

De toute façon, je t'aurais trompé !

– Tu sais nager ?

– Oui…

– Bah vas-y, prends le large…

« Sous aucun prétexte je ne veux
Devant toi surexposer mes yeux,
Derrière un Kleenex je saurais mieux
Comment te dire adieu,
Comment te dire adieu. »
Françoise Hardy

BUDGET PSY : 18 rouleaux de Sopalin, 1 abonnement à la salle de sport – où je serai allé deux fois –, 1 calendrier des *Dieux du stade*, 1 calendrier des pompiers, 1 calendrier avec des chatons et 1 disque dur externe pour stocker les photos cochonnes de mon ex dans un endroit sécurisé

Ils ont aussi sorti des calendriers de mecs torse nu qui posent avec des chatons mais j'ai l'impression de me toucher sur un prospectus de la SPA, ça me met mal à l'aise...

Comme tout cœur récemment esseulé qui se respecte, j'ai passé les semaines suivant l'annonce de la rupture à boire du vin en fumant des clopes humidifiées par les torrents de morve qui s'échappaient de mon nez – flot ininterrompu et incontrôlable.

Si ces moments paraissent souvent inutiles tant on les passe à ressasser les sempiternelles mêmes interrogations qui resteront sans réponse, ils demeurent néanmoins indispensables. S'épancher sur son propre chagrin permet de se recentrer sur soi-même en présence des seuls individus capables de combler le manque affectif causé par la perte de l'être cher – et de t'entendre te répéter *ad vitam aeternam* : les ami(es).

Ça paraît idiot et certainement peu original mais les « vrais potes » – pas tes 459 amis Facebook qui ne te servent à rien à part *liker* tes statuts larmoyants – sont généralement les premières personnes à venir à ta rescousse dans ces cas-là.

Je me rappelle, j'étais à Maubert-Mutualité quand Clément avait quitté les lieux du crime et je me retrouvais seul, au milieu du vacarme parisien, quand j'ai envoyé un SMS groupé à mes amis les plus chers – ils ne me coûtent rien je vous rassure, une petite bière de temps en temps, franchement, ce n'est pas si cher payé vu tout ce que je leur fais subir – pour leur faire part de la nouvelle.

En moins de trente minutes, trois d'entre eux avaient fait leur apparition et se répartissaient déjà les tâches : l'un me servait à boire, une autre allumait mes cigarettes et le dernier me tendait les mouchoirs – plus ou moins usagés.

Le thème de la conversation tournait autour d'un seul objectif : essayer de me remonter le moral et de me rassurer le plus rapidement possible.

En voici quelques bribes :

« Je le sentais... Je sais pas pourquoi je le sentais ! »

« De toute façon, il n'a jamais su t'aimer ! »

« En fait t'es un mal-aimé ! C'est si chic ! »

« Il était distant récemment ? »

« Tu sais s'il t'a trompé ? Fais gaffe ! Faut peut-être l'emmener faire des tests HIV non ? »

« Arrête, il l'a pas trompé ! »

« Bah t'en sais rien ! Si ça se trouve, il l'a trompé sans se protéger et il lui a refilé une merde ! C'est arrivé à une nana en Angleterre, j'ai lu ça dans Closer *! »*

« De toute façon, vous baisiez quasi plus, si ? »

« Tu penses qu'il a rencontré quelqu'un ? »

« Dis pas ça, tu vas le faire replonger, ça fait quarante-cinq secondes qu'il ne s'est pas mouché ! »

« Il ne te méritait pas … »

« Il avait pris du bide en plus non ? »

« Mais tellement ! »

« Et il perdait ses cheveux aussi ! »

« Ouais mais Tristan aussi … »

J'ai toujours apprécié cette faculté qu'ont mes amis de vouloir me remonter le moral en lapidant publiquement – et en ma présence – ma relation amoureuse déjà à l'agonie.

Une dizaine de rosés piscine plus tard, nous étions en pleine conversation philosophique sur le sens de la vie et des relations amoureuses – merci l'alcool de nous rendre si intelligents – lorsqu'ils décidèrent d'aborder le cœur du problème.

Je vivais une rupture amoureuse après avoir passé plusieurs années en couple, j'allais en chier, mais il fallait aussi que je sache quelque chose. Comme dans tout deuil, il y a cinq étapes avant de pouvoir passer définitivement à autre chose :

LE DÉNI – LA COLÈRE – LE MARCHANDAGE – LA DÉPRESSION – L'ACCEPTATION.

Je ne sais pas si c'est scientifiquement prouvé, à part par *Glamour*, *Cosmo* ou tout autre « magazine féminin » – cet intitulé me rend dingue, je les lis, donc *a priori*, c'est pas réservé aux détentrices d'un clitoris –, mais une chose est certaine, j'ai eu le sentiment que ces cinq phases ont passé leur temps à se marcher les unes sur les autres durant des mois.

J'ai pleuré pendant la phase de déni parce que j'étais triste et que je ne voulais pas accepter l'idée que c'était bel et bien fini. Durant la phase de colère, parce que j'étais… en colère !

Durant la phase de dépression, parce que j'ai compris que si j'étais énervé, j'étais aussi quand même vachement triste. Et également durant la phase d'acceptation, parce que j'ai compris que j'étais en train de passer à autre chose alors que cela faisait des mois que – plus ou moins secrètement – j'espérais qu'un jour, on se retrouverait.

Oui, vous l'avez remarqué, il y a une phase sur laquelle j'ai fait l'impasse : le marchandage.

Au premier abord, cette phase me paraissait assez obscure… Je ne voyais pas tellement ce à quoi je pourrais prétendre en essayant de troquer mes mouchoirs usagés lorsque je compris que le marchandage était la phase durant laquelle je devais chercher une compensation, un moyen de pallier le manque, son absence. Mes amis ne pouvaient naturellement pas combler tous mes besoins affectifs ou même sexuels – ils m'aiment beaucoup, mais quand même… –, et il faudrait que je trouve le moyen de puiser dans mes propres ressources.

L'idée étant d'apprendre à gérer mon déficit affectif en le remplaçant par des substituts – un peu comme un Slim Fast qui me permettrait de me sevrer de l'envie de lui envoyer un texto toutes les dix secondes.

J'ai tout de suite imaginé aller draguer dans des bars ou m'inscrire sur des applications de rencontres comme tout le monde, mais le souvenir de ce premier coït post-rupture m'avait laissé un goût amer… J'ai donc rapidement compris que ce n'était pas la solution adaptée pour le moment et qu'avant de laisser d'autres individus disposer de mon corps, il fallait que je fasse à nouveau sa connaissance.

Nous nous étions bien connus il y a de ça quelques années, mais durant les cinq ans passés au côté de Clément, lui seul avait été la source de mon plaisir. Il m'avait même plus touché que moi-même, et j'étais donc contraint de partir à la reconquête de cette terre que j'avais abandonnée.

Comme pour toute mission un peu nouvelle, j'avais besoin d'un compagnon de route, quelqu'un pour m'aider à trouver le chemin sans que je ne me perde, et c'est là que je me suis posé la question : si je refusais l'aide d'inconnus dans cette quête, avais-je le droit de me masturber en pensant à mon ex alors que justement je traversais une période durant laquelle j'essayais de m'en détacher !

J'ai posé la question. Je suis même allé plus loin dans la réflexion en demandant à mes potes :

– Peut-on se masturber en regardant des photos de son ex ?

Je venais apparemment de lâcher une bombe. Ils se sont tous regardés tour à tour, attendant que quelqu'un veuille amorcer un semblant de réponse, mais rien. Les seuls sons qui ont réussi à s'échapper de leur bouche ont été des onomatopées telles que « Euh… », « Pfff » ou encore « Coa ? » – oui, certains de mes amis émettent un son de grenouille lorsqu'ils sont pris de court.

On ne va pas se mentir en prétendant que nous n'avons pas tous, dans nos téléphones portables, des photos plus ou moins déshabillées de nos ex ! C'est faux et tellement jouissif d'imaginer qu'un jour, si l'envie nous prend, nous avons de quoi les faire chanter. Que ce soit alors que nous étions ensemble ou justement pour se stimuler sexuellement à distance, ces photos ont survécu au naufrage de notre vie commune. Avais-je le droit de les utiliser pour traverser cette phase de marchandage ?

Naturellement, je ne comptais pas imprimer tous ces clichés et les punaiser sur les murs de mon appartement comme dans ces films où un illuminé collectionne les tirages de ses futures victimes ! J'avais du mal à passer à autre chose, certes, mais je restais tout de même relativement lucide sur la question – 10 % du temps : oui, ça allait être difficile et il faudrait du temps, mais j'y arriverai.

Mes potes n'ont pas vraiment su répondre à ma question tant elle semblait être encore taboue ! J'ai donc décidé que oui, j'avais le droit d'utiliser ces moments de notre intimité passée pour m'aider à mieux me redécouvrir. J'avais donc la liberté de m'inspirer de lui, de nous, d'inventer d'autres scénarios, d'autres positions, d'autres caresses qu'il ne m'avait jamais faites et soudain, c'est un univers de tous les possibles qui s'offrait à moi. Je passais ainsi de longs moments à me masturber en fantasmant Clément comme il n'avait jamais été. *A posteriori*, je me souviens avoir compris que ça m'avait fait beaucoup de bien, je finissais par être excité par une image de lui qui n'existait pas, qui ne serait jamais, et petit à petit, j'ai commencé à coller ces fantasmes que j'avais créés à partir de ces photos sur d'autres corps, d'autres visages. Je commençais à connaître mon corps mieux qu'avant et, peu à peu, mon esprit envisageait l'idée que d'autres corps pourraient un jour se blottir contre le mien.

MONOLOGUE INTÉRIEUR QUAND TU T'APERÇOIS QUE TON EX A CHANGÉ SA PHOTO DE PROFIL FACEBOOK

J'ai tellement envie d'aller checker son Facebook…

Et en même temps ça sert à rien.

Tout le monde te l'a dit en plus que c'était pas constructif !

Sinon, je fais autre chose…

C'est une phase, il suffit que je m'occupe l'esprit et dans une heure, je n'aurai plus du tout envie !

Je peux aller checker son Instagram !

Il va jamais sur Instagram, c'est bien ça, y aura rien dessus.

Et si jamais y a quelque chose ?

Imagine, il a posté une photo !

Ou pire…

Le mec, il a fait une story !

Si jamais il a fait une story, je pète un câble !

Lui qui ne faisait jamais de stories quand on était ensemble, ce serait une blague !

Non Instagram, c'est clairement pas une bonne idée…

Facebook en était une carrément meilleure pour le coup !

Et qui a dit que ce n'était pas « constructif » ?

Quentin…

Ouais enfin Quentin il porte des bonnets au mois de mai sous 25 degrés parce qu'il trouve ça cool, ce n'est pas pour ça que c'est constructif !

J'ai qu'à voir le côté positif des choses !

En allant checker son Facebook, je grandis et me confronte au fait qu'il continue de construire sa vie malgré notre séparation…

Et s'il est ami avec de nouvelles personnes ???

L'autre fois, il était à 772 amis, imagine, il est à 800 d'un coup !

Non, pire, 774 !

800, c'est beaucoup, ça voudrait dire qu'il a eu beaucoup d'ajouts d'un coup, le poisson est noyé, alors que 774, ça voudrait dire qu'il a ajouté deux personnes consciemment.

Qu'il les a bien sélectionnées !

Des mecs, c'est sûr !

Putain, mon ex drague sur Facebook, c'est tellement 2010, c'est abusé !

Ok j'y vais !

Mais non !!!

J'y crois pas.

Oh le mec !

Non mais c'est tellement abusé !

Il a changé sa photo de profil !

Pfff… C'est tellement de la provocation !

Il l'a changée quand ?

Y a deux jours…

Non mais attends y a deux jours c'était l'anniversaire de notre rupture !

Deux mois qu'on était plus ensemble ! C'était notre moisiversaire…

Bien moisi l'anniv, merci !

Il l'a tellement fait exprès !

Le mec change sa photo de profil ce jour-là exprès pour me montrer qu'il a tourné la page…

Qu'il change de vie ! Genre sa nouvelle photo de profil, c'est une métaphore.

C'est ça ouais !

Tu parles, je suis sûr qu'il ne sait même pas ce que ça veut dire…

Oh et ce sourire de faux cul qu'il a sur la photo…

C'est tellement pas naturel !

Il a la même tronche que les nanas qui font la pub pour les tampons, franchement, c'est gênant !

Il a dû demander à un de ses potes de prendre la photo pour me rendre jaloux, bah c'est com-plé-te-ment raté mon pauvre !

Il fait le mec qui sourit mais je suis sûr qu'en vrai, il est au fond du trou !

Je devrais le retirer de mes amis tellement il me fait de la peine…

Non, il faut pas, sinon, il va penser que je l'ai retiré parce que je suis vénère alors que pas du tout !

Je ne suis pas vénère, il me fait pitié c'est tout…

Je vais me désabonner ! Je me désabonne, comme ça on reste « amis » mais je ne le vois pas dans mon fil d'actualité ! Ça c'est bon ! Ça c'est adulte !

Je suis tellement mûr en fait, c'est dingue !

Non mais attends, y a un mec qui a laissé un commentaire !!!

« Très mignon <3 »

Non mais c'est qui ce connard ?

Charles ? C'est quoi ce prénom ?

Le mec sort tout droit de *La Petite Maison dans la prairie*, c'est chaud !

« <3 » !!! Non mais qui met des cœurs comme ça sous les photos des gens ?

Ça doit être le genre de mec qui commente les vidéos sur internet en marquant « LOL », « XD » ou « jpp » pour dire « j'en peux plus », ça m'insupporte !

« Très mignon »...

Ça va, au moins, le mec n'a pas peur d'avoir l'air en chien, quoi !

Attends, moi aussi je suis sûr que si je changeais ma photo de profil, y aurait des mecs qui diraient que je suis canon !

Je vais changer ma photo de profil !

Imagine, aucun mec ne commente !!!

Oh l'angoisse !

Impossible ! Je suis persuadé que j'aurais plus de *likes* que lui d'ailleurs !

Et en même temps, si je change ma photo de profil deux jours après lui, ça fait trop le mec qui a vu que son ex l'avait fait et qui le fait pour montrer que lui aussi est passé à autre chose alors que pas du tout !

Ça va, je ne vais pas me rabaisser à me comporter comme un enfant...

Je suis un adulte qui se reconstruit sur des bases solides !

Sinon, je demande à quelqu'un qu'on aurait en ami commun de poster sur son propre mur une photo de nous deux hyper cool sur laquelle on aurait l'air de grave s'amuser pour que Clément voie que j'ai tourné la page aussi…

On pourrait même mettre un hashtag sous la photo genre #NewLife ou #PartyTime !

On va tellement faire ça !!!

Je suis trop fort !

Et dire que j'ai failli tomber dans son piège mesquin du changement de photo de profil !

Franchement, le mec me connaît mal…

Comme si j'allais rentrer dans ce genre de jeu.

Œil pour œil, dent pour dent !

Non mais attends ça va, j'ai plus 15 ans moi !

« Comme toujours ça passera
Ça va, ça vient, ça s'en va
Dans deux ans, on en rira
Toi et moi »
Brigitte

BUDGET PSY : 10 magazines people, 12 magazines féminins, 1 labrador, 1 maison dans le Lot-et-Garonne, et 1 peau de bête – à poser devant la cheminée !

On évite la fourrure acrylique si on veut pas se retrouver dans la rubrique faits divers.

Quand tu traverses une rupture, tu te remets beaucoup en question, tu réfléchis, tu refais le film de ta relation… Du coup à force de cogiter, il arrive toujours un moment où t'as le sentiment d'avoir pris tellement de recul sur ta vie que tu en deviens philosophe.

Alors certes, tu commences à apprendre de tes erreurs mais tu commences aussi à ressembler à toutes ces personnes insupportables qui, dès qu'elles ont vécu un truc un peu compliqué dans leur vie, imaginent que leur histoire devrait pouvoir inspirer des milliers de gens. D'un coup, tu te mets à comparer ta rupture à une tragédie, tu te vois en couverture de *Paris Match* devant une maison de campagne fictive avec ton labrador imaginaire, enveloppé dans une couverture en cachemire avec le titre suivant : « Insère ton nom : la rédemption ». Ton existence devient soudain comparable à tous les grands de ce monde au destin tragique mais qui sont devenus des icônes de par leur capacité à affronter les épreuves avec plus ou moins de dignité[17] : Édith Piaf, Dalida, Romy Schneider… Bref que des meufs idolâtrées mais qui ont fini seules comme des chiennes et qui, dans deux cas sur trois, ont quand même mis fin à leur vie par choix ! #MauvaisKarma.

C'est dans ces moments-là que tu deviens cette personne qui « sait » parce que « moi aussi je suis

17. Faudrait quand même pas oublier tous ces soirs où tu t'es endormi dans ton pot de glace Häagen-Dazs…

passé par là ». Tu sais cet individu insupportable qui ne peut s'empêcher de faire un commentaire ou de s'approprier ce que tu racontes car « lui aussi il en a bavé » ! Je me souviens très bien de cette période durant laquelle j'avais l'impression que le témoignage de mon histoire serait peut-être raconté aux enfants en classe – un petit peu comme *Le Journal d'Anne Frank* !

Alors un soir, j'ai commencé à écrire.

Ma psy m'avait conseillé de poser sur le papier ce que je pouvais ressentir pour éviter de le garder pour moi, et si je suis persuadé que ces quelques mots étaient d'une grande sincérité, je me demande si dans ma tête, porté par un élan de lyrisme incontrôlé, je n'avais pas le sentiment d'être en train de pondre une sorte de *Journal de Bridget Jones* empreint d'une vérité universelle, d'une émotion comparable à la verve d'un Baudelaire du XXIe siècle.

Dans ma grande bonté, je vous joins ce texte écrit quelques semaines après ma rupture[18] et retrouvé récemment dans une pochette

---

18. À un moment où ça allait mieux qu'à la période où je regardais les photos de nous sur mon téléphone en écoutant *Someone Like You* d'Adele. À ce moment-là, j'étais pas ouf, enfin genre pas la grande forme quoi…

cartonnée contenant l'intégralité des souvenirs de ma relation avec Clément[19] .

« J'étais prêt à m'engager, je l'ai d'ailleurs volontiers fait avec mon ex, mon premier amour. Malheureusement, je me suis tellement abandonné à lui que lorsqu'il m'a quitté, je crois qu'il a brisé ma capacité à pouvoir m'abandonner une seconde fois.

Aujourd'hui, j'apprends doucement à laisser quelqu'un pénétrer mon cœur et s'y installer, même si j'ai souvent l'impression que c'est impossible, que j'ai trop donné.

Ce qui me fait le plus de peine, c'est peut-être d'envisager qu'on puisse se remettre d'une rupture, en tout cas que lui ait pu se remettre de notre histoire. C'est une chance, je l'admets, de pouvoir s'abandonner à quelqu'un et de pouvoir tourner cette page pour en écrire une autre, mais c'est aussi une grande souffrance de constater que, malgré les épreuves, les bons moments, la tendresse qu'on a pu échanger, l'autre arrive à envisager sa vie sans nous.

---

19. Tickets de cinéma, petits mots doux, photos et aussi l'étui de la capote de notre première fois. Lui m'a dit qu'il avait gardé la capote ! Il blaguait, hein... Enfin, je crois. Ce serait tellement glauque de voir la tronche qu'elle doit avoir aujourd'hui...

Tous ces mots dits, ces non-dits finalement avoués à lui seul qui se retrouvent perdus au milieu de ses souvenirs, des confessions que même lui aura peut-être oubliées, dont il n'aura pas saisi l'importance, qu'en faire ? Que faire de ces mots peut-être égarés mais que je me souviens avoir dits, confiés ? Devrais-je les abandonner une seconde fois à quelqu'un et prendre à nouveau le risque de les trahir ? J'ai l'impression que ce serait les amoindrir, leur donner moins de sens qu'ils en ont. »

Bon, soyons honnêtes, ces quelques lignes sont clairement l'œuvre de mon moi en pleine déprime, à boire du vin seul, m'imaginant passer le restant de ma vie célibataire[20]. Mais elles ont l'avantage de mettre en avant une information importante, c'est cette incapacité qu'on a, dans ces moments de tristesse, à se détacher de notre ancien partenaire. On s'attache à son souvenir, on s'en crée même d'autres, et des bons en plus ! Mais on s'attache surtout à la douleur du souvenir, car c'est une période durant laquelle le

---

20. On l'a tous pensé ! Tout comme on a tous imaginé qu'on a tellement de mal à rencontrer le bon mec/la bonne nana qu'on s'est peut-être juste trompé(e) d'orientation sexuelle ! #PapaMamanJAiUnTrucAVousDire.

vide est tellement présent qu'elle nous permet de nous rappeler qu'on est encore vivant – et aussi d'entretenir l'espoir secret que cet amour perdu renaisse un jour de ses cendres.

Je ne suis pas sûr de m'exprimer correctement, je me permets donc de vous citer une réplique de Jean-Pierre Léaud dans *La Maman et la Putain* de Jean Eustache – trois heures de monologues sur les relations amoureuses, ça paraît chiant comme ça mais c'est un petit bijou[21] !

« *C'est curieux, je n'ai pas cessé de souffrir.*

Je ne me suis pas accroché à toi mais à ma souffrance, essayant de la retenir.

Je l'ai gardée près de moi pour nous garder.

Le jour où je ne souffrirai plus
Où "je m'en sortirai" comme tu dis
C'est que je serai devenu un autre
Et je n'ai pas envie de devenir un autre
Parce que ce jour-là, nous ne pourrons plus nous retrouver. »

21. Oui, je parle comme un journaliste de chez *Télérama*, et alors ?

LISTE DES FILMS ET SÉRIES À REGARDER EN PÉRIODE DE RUPTURE

LOL

– Parce qu'il y a un petit air de *La Boum* – merci Sophie !

– Que ça fait du bien de se rappeler ces heures passées au téléphone avec ses potes à débriefer la journée qu'on a passée… ensemble. On n'avait rien à se dire mais c'était « hyper important » de l'exprimer à haute voix…

– Que ça fait du bien de voir que, malgré la détresse dans laquelle on se trouve, on a quand même un peu grandi. On a réussi à tourner la page de ce beau mec complètement insaisissable sur lequel tout le monde craquait.

– Que c'est hyper rassurant d'aller checker le Facebook de toutes les personnes hyper populaires qu'on enviait au lycée et de pouvoir constater qu'elles sont TOUTES devenues moins jolies ! C'est un phénomène assez étrange mais c'est véridique – ou peut-être qu'on a juste appris à avoir un tout petit peu plus confiance en soi…

Et parce qu'il y a Pierre Niney et que… bah c'est un bon argument en soi !

L'intégrale d'*Alien*

– Parce que Ripley, elle n'est pas là pour déconner !

– Que ça fait du bien d'imaginer que tous les Aliens qu'elle démonte c'est aussi un peu ton ex !

Et parce qu'à chaque fois que je l'entends dire : « Ne l'approche pas sale pute ! » – *Alien 2* aka *Aliens* –, je me dis que je devrais sortir cette réplique au prochain mec qui, complètement bourré à la fermeture de la boîte, essaiera de s'attaquer à ma dignité ! #WalkOfShame

Friends

– Parce que quoi qu'il arrive, on est Team Jennifer ! Les Team Jolie peuvent arrêter la lecture de cet ouvrage dès maintenant, on ne se comprendra jamais ! Vous m'entendez ? JAMAIS !

– Que, de toute façon, c'est une série qui remonte le moral quelle que soit la raison de sa chute…

– Que tu vas avoir besoin d'être entouré de potes et que ce sont les seuls qui acceptent – par dépit – de rester avec toi jusqu'à ce que tu t'endormes !

Dirty Dancing

– Parce que ce porté, on en a tous rêvé…

– Qu'« on ne laisse pas Bébé dans un coin » ! et que c'est la phrase que tu devras te répéter à chaque fois que t'auras le sentiment d'être au fond du trou !

– Qu'on rêve de se faire faire des chatouilles sous les aisselles par un GO du Club Med mais qu'on ne pourra jamais parce qu'en général ils ont plus la gueule d'un candidat de télé-réalité !

Et surtout parce que Patrick Swayze !

Point Break

– Parce que ça n'a rien à voir avec la rupture mais que mater Keanu Reeves et Patrick Swayze en train de braquer des banques et de surfer fait partie des petits plaisirs de la vie…

Les Gazelles

– Parce que là tout de suite, c'est ta vie !

– Que les bandes de copines qui se soutiennent dans les moments de solitude/tristesse/débauche, ça fait du bien au moral quand t'as le sentiment d'être seul comme les pierres !

– Que le personnage interprété par Samuel Benchetrit de mec torturé hyper sexy qui te fait croire qu'il s'apprête à te faire vivre la plus belle histoire d'amour de ta vie juste pour te sauter, on l'a tous rencontré…

Et parce qu'on peut y voir Franck Gastambide pas sexy du tout avec des cheveux et finalement hyper désirable quand il décide de se raser la tête et que moi, étant donné ma masse capillaire, ça m'a permis de dédramatiser la situation…

<u>L'intégrale des Disney</u>

– Parce que tu vas avoir besoin de déconnecter complètement avec le monde réel !

– Que les animaux y parlent et que ça vaut tout l'or du monde…

Et parce que ça défoule de se foutre de la gueule de ces princesses toutes plus demeurées les unes que les autres qui n'ont – majoritairement – qu'une ambition : celle de rencontrer un mec !

PS : Petite exception pour *Bambi* ! Retour au fond du trou en moins de deux minutes garanti !

<u>Sex and the City</u>

– Parce qu'on a tous un Mister Big et un Aidan qui nous empêchent d'avancer !

– Qu'on a les mêmes problèmes de cœur qu'elles mais pas le même compte en banque…

Et parce que fumer une clope en même temps que Carrie Bradshaw à la fenêtre de ton appartement, le regard dans le vide en pensant au chaos de ta vie personnelle, ça n'a pas de prix !

BONUS :

LISTE DES FILMS À NE PAS REGARDER EN PÉRIODE DE RUPTURE SAUF SI TU VEUX TE RAPPELER QUE TA VIE N'EST PAS SI POURRIE QUE ÇA

Moulin Rouge : parce que tu es seul mais que tu ne tousses pas encore du sang, et ça c'est chouette !

Titanic : parce que tu t'es fait larguer mais qu'au moins t'es pas en train de te peler les miches au milieu de l'océan et qu'accessoirement – et bien que t'aies souhaité sa mort mille fois – ton ex est bel et bien vivant, c'est quand même plus pratique pour pourrir sa messagerie à 3 heures du matin !

Les Bronzés 3 : parce que t'as beau être au fond du trou, tu peux te dire que le trou devait être beaucoup plus profond quand les acteurs ont accepté le projet…

N'oublie jamais : parce que c'est triste mais qu'en même temps ça se termine un peu bien aussi et que du coup c'est deux fois plus frustrant quand tu es intimement persuadé que plus rien de bien ne pourra se passer dans ta vie.

Elephant Man : parce que faut rester honnête, t’as toujours plus de chances de choper quelqu’un que lui et c’est toujours bon de le savoir…

Ma meilleure ennemie : parce que rencontrer la nouvelle meuf de ton ex alors que t’es en phase terminale, ce n’est pas du tout un bon délire…

« Je me fais mes films en grand
Et je fonce même sans critères
Mais il s'avère que ce n'est qu'un plan
Comme d'habitude je me prosterne
Car se griller est indécent
Surtout devant l'imaginaire »
Eddy de Pretto

BUDGET PSY : 1 application de rencontres (gratuite), 2 allers-retours pour le Malawi, 1 parachute, le palais de l'Élysée et 1 exemplaire d'*Apprendre à communiquer par téléphone pour les nuls*

On rigole comme ça mais ça fait combien de temps qu'on n'est pas allé aborder quelqu'un dans un bar juste par peur d'avoir l'air ridicule ?

On est tous pareils. Au début, on décide de prendre du temps pour soi, de se faire du bien en se concentrant sur sa petite personne pour ne pas replonger directement dans les tumultes des rapports amoureux, et puis finalement, rapidement, et parce que tout le monde semble y passer sa vie, on finit par s'inscrire sur des applications de rencontres…

Ces applications mettent en place des conversations interminables avec des inconnus à qui tu parles uniquement parce que leur photo de profil t'a plu et auprès desquels tu te (sur)vends dans l'espoir qu'on te propose une rencontre « en vrai ». Ce qui peut prendre un peu de temps, la « rencontre » étant une véritable source d'angoisses !

La rencontre c'est juste se confronter à l'éventualité que le type en question ne corresponde absolument pas à l'image que tu t'es créée de lui[22]. C'est beaucoup plus confortable de continuer à entretenir une conversation en fantasmant la personne avec laquelle tu échanges tous ces messages plutôt que de lui faire face !

---

22. Soyons très clairs, y a une différence entre ce que tu crois qu'une personne dégage sur une photo et son attitude en face-à-face. Et je ne parle même pas du physique pur, qui correspond rarement aux clichés que ton prétendant a bien voulu te divulguer.

Je n'ai donc pas dérogé à la règle. Seulement, je n'avais jamais été confronté à cet univers impitoyable. J'avais connu les sites de rencontres sur « l'internet » – comme dirait mon grand-père – mais je n'avais jamais été confronté à la dimension bestiale que faisaient ressortir de chacun d'entre nous les applications telles que Tinder, Grindr, Happn, etc.

Via ces applications, le monde de la drague était devenu une espèce de jungle dans laquelle les prétendants étaient des proies. Personne ne cherchait plus à charmer. Maintenant, on chassait ! Personnellement, je n'ai absolument rien contre le règne animal, *Le Livre de la jungle* et *Les Aristochats* faisant clairement partie de mes Disney préférés, mais j'ai un problème, comme un maillon faible intérieur dont je n'arrive pas à me débarrasser et dont j'ai rapidement compris qu'il serait incompatible avec le monde dans lequel je venais de basculer : je suis un romantique.

Romantique, sensible et fragilisé par ma récente rupture, je prenais tout au pied de la lettre.

Traduction : dès qu'un mec mignon à moins de

300 mètres ponctuait ses messages d'un smiley[23], j'étais persuadé d'avoir rencontré l'homme de ma vie.

En gros, dès que je reçois un cœur, j'ai l'impression qu'on me dit « je t'aime » et quand je reçois plus de quatre SMS de la même personne dans la journée, c'est qu'on veut me passer la bague au doigt – et ça me le fait même avec mon papa, c'est dire si je me sens seul !

C'est sans doute pour ça que mes relations amoureuses sont relativement chaotiques, les mecs que je « date » et moi avons des lectures diamétralement opposées du champ lexical de l'émoticône.

Je sais, c'est terrible. Je n'étais pas au courant mais une fois inscrit sur une de ces applications, j'ai vite compris que j'étais devenu complètement has been. Pire encore, mon phrasé un peu travaillé et mes mots bien choisis – et sans fautes d'orthographe – étaient sources de moquerie. C'est quand même dingue ! Les gens s'étaient tellement habitués à être traités comme du bétail qu'on prenait carrément mon lyrisme pour une forme de cynisme.

---

23. Je prends les émoticônes très au sérieux, faut faire très attention, on n'envoie pas un smiley clin d'œil par hasard !

Alors, attention, je parais résigné là, mais mon éternel optimisme a longtemps tenu bon ! Naïf comme je suis, j'imaginais tout de suite rencontrer un garçon sympa, grand, drôle, un peu écrivain, un peu là par hasard… Moi qui cherchais à faire la rencontre du fils spirituel de Meryl Streep et Robert Redford dans *Out of Africa*, j'ai rapidement compris que j'avais plus de chances de tomber sur celui de Nabilla et de Keen'V. Maudite soit notre génération !

Non, parce qu'il ne faut pas se laisser berner par la petite nana de la publicité pour Meetic qui nous explique que *« les belles rencontres, elles se font partout et surtout ailleurs »*…

Non mais quelle connasse ! Je sais pas où elle l'a trouvé son « ailleurs » mais soit elle est fan des mecs dont la passion est de brûler des *Bescherelle* pour le goûter, soit on lui a filé deux ou trois ecstasies avec son billet aller parce que pour moi, les « belles rencontres », elles se sont faites rares !

« Bon ressaisis-toi, celui-là, tu lui montres direct ce que tu veux et si ça ne colle pas, next ! »

C'est marrant cette capacité que l'on a à se créer une personnalité hyper exigeante dès que l'on commence à converser avec une nouvelle personne sur ces applications alors qu'en fait, à partir du moment où quelqu'un s'intéresse un tant soit peu à nous, on reste furieusement optimiste quant à l'issue de la conversation bien que l'individu de l'autre côté de l'écran ne semble absolument pas correspondre à nos « critères ».

Je me souviens très bien du premier garçon que j'ai rencontré. Nous avions longuement bavardé[24] et alors qu'il me faisait une bonne première impression, je lui avais demandé une autre photo de lui – parce que « une photo, c'est de la triche ! », cf Diams. J'étais hyper gêné de lui avoir demandé ça, j'avais le sentiment de faire défiler les photos d'un meuble IKEA sur un catalogue en ligne et je craignais qu'il ne se vexe et pense que je n'étais intéressé que par son physique. Je vous ai prévenus, je suis fleur bleue…

Rassurez-vous tout de suite, il ne s'est absolument pas vexé, il m'a carrément envoyé une photo de son… Oui de son… Enfin, vous m'avez compris !

Un peu surpris, je précise que je lui demandais simplement une autre photo de son visage et là, réponse : « Ah ! J'avais pas compris… »

24. Au moins quarante-cinq minutes !

Non mais sérieusement, qu'est-ce qu'il y a de pas clair dans « une autre photo de toi » ? Imaginez un peu ! Déjà que dans le monde dans lequel nous vivons, et malgré tous les moyens de communication disponibles, on a du mal à se comprendre ! Mais là, très clairement, j'avais le sentiment intime – et peut-être justifié – que notre relation partait sur de mauvaises bases.

Cela dit, je me plains mais j'ai une telle capacité à passer outre ce genre de petits incidents quand je suis célibataire[25] que j'ai quand même accepté de le rencontrer.

Finalement, il m'invite à boire un verre chez lui, ce qui offrait deux options : soit le mec est un flemmard de première ; soit le mec a une grosse grosse envie de baiser.

Prenons en compte l'ensemble des pièces à convictions – la photo de son sexe – et gageons que le mec n'est pas flemmard…

---

25. Donc seul, donc triste, donc en manque d'attention, d'amour, et donc prêt à tout accepter pour peu que quelqu'un m'accorde un minimum d'attention.

Mignon, pas trop con, sain d'esprit[26], ancien de Sciences-Po – maman va adorer –, parachutiste à ses heures perdues et fan de théâtre, j'étais déjà conquis – et la photo dudit pénis était passée aux oubliettes !

Même pas un bisou pour clore la soirée, j'étais tellement fier de moi !

Je suis rentré chez moi, j'avais la sensation d'être dans une comédie romantique quand soudain, le mec m'envoie un SMS : « Très bonne soirée ! Un théâtre mercredi, ça te dit ? »

Endroit neutre, sortie culturelle, bingo, j'avais touché le jackpot et me voyais déjà modifier mon statut Facebook dès qu'on aurait officialisé notre relation !

Les quarante-huit heures qui ont précédé notre rencard ont été un mélange de diverses sensations : appréhension, stress, envie, peur, fantasmes, nous en week-end avec nos enfants adoptés au Malawi, les petits et moi regardant leur papa sauter en parachute pour la paix dans

---

26. Enfin toujours plus que moi qui arrive à le trouver sain d'esprit alors que le mec m'a quand même envoyé une photo de son pénis après quarante-cinq minutes de conversation et un simple : « Je peux avoir une autre photo de toi ? »

le monde, nous leur racontant notre rencontre en occultant certains détails graveleux dont on se souviendrait d'un œil amusé, moi première dame de France saluant fièrement le peuple français qui acclamerait l'originalité du couple présidentiel : « Un comique et un ancien de Sciences-Po parachutiste, quel chic ! » Vous voyez jusqu'où je peux aller en quarante-huit heures ?

Nous sommes allés au théâtre, on est rentrés chez lui, on a fait ce qu'on avait à faire et… je ne l'ai jamais revu ! Il a juste daigné répondre à un de mes 70 textos quelques jours plus tard pour m'expliquer qu'il appréciait de passer du temps avec moi et qu'on pouvait se revoir[27] mais que ça n'irait pas plus loin !

Pas plus loin ? Le mec ne le savait même pas mais on avait adopté, on s'était mariés sur une colline et on avait gouverné durant cinq belles années le pays des droits de l'homme !

J'étais dépité, c'était le premier après Clément avec lequel je passais la nuit et si rien n'arrive par hasard, j'avais au moins appris quelque chose : passer du temps avec quelqu'un aujourd'hui, ça voulait aussi dire baiser…

---

27. Traduction : « On re-baise quand tu veux. »

« Mais moi j'aimerais vraiment pouvoir
Abandonner mon Moulinex
Devenir unisexe
Pour savoir cracher
Fumer toute la journée
Marcher tout en sifflant
Porter des pantalons »
La Femme

BUDGET PSY : 300 couches, 1 000 petits pots, 233 exemplaires du magazine *Entrevue*, 6 boîtes de Xanax et 30 bougies et 1 avocat

Un très bon pour le jour où t'auras décidé d'être vraiment heureux (euse).

Rapidement, j'ai été confronté au regard inquisiteur d'une frange de la population qui prend un malin plaisir à vous mettre mal à l'aise sous prétexte qu'eux ont « coché toutes les cases ».

J'étais aux 30 ans d'une de mes meilleures copines, Cécile. Avec Cécile, on a été très proches pendant longtemps mais rapidement, elle a basculé du « côté obscur de la force ». Entendez par là : Cécile s'est casée et a fait un enfant.

Elle vient d'un milieu social aisé, plutôt – très – catholique, et lorsqu'elle a rencontré Vincent, elle traversait une période assez tumultueuse de sa vie de jeune femme célibataire. Entendez par là : Cécile lâchait complètement prise et envoyait valser toutes les bonnes valeurs que sa famille très « Manif pour tous » lui avait inculquées en s'envoyant en l'air avec – presque – tout Paris.

Vous me direz « Elle a bien le droit » ; je n'ai jamais jugé personne à ce niveau-là – j'ai moi-même quelques « dérapages » à mon actif – et ai toujours défendu l'idée selon laquelle les femmes disposent aussi librement de leur corps que peut le faire la gent masculine.

Seulement, tout cela, Cécile le faisait en cachette. Sortir, boire, fumer des pétards, passer des nuits endiablées avec de parfaits inconnus était une espèce de défouloir pour cette jeune fille à qui on avait toujours dit qu'une femme se doit d'être « charmante, courtoise, douce et polie ». Entendez par là : chiante et soumise.

Autrement dit, le jour où elle fit la rencontre de Vincent – lui-même issu d'une « très » bonne famille –, notre bonne vieille copine de soirée a renfilé son masque de jeune Versaillaise à serre-tête et collier de perles pour faire bonne figure auprès de papa et maman.

Elle avait bien fait la fête et avec Vincent, c'était du sérieux, elle le savait. Elle savait surtout qu'à partir du moment où elle avait annoncé à ses parents qu'elle avait « rencontré quelqu'un », il ne la laisserait pas vivre tranquillement sa vie. Tant qu'ils ne seraient pas mariés, ils ne pourraient habiter ensemble ou partir publiquement en vacances en amoureux. Soyons honnêtes, dans le milieu versaillais, ça faisait « mauvais genre ».

Personnellement, je ne donne pas cher de l'histoire de Cécile et Vincent. Il est trop propre sur lui, trop « gendre idéal ». Pour vous dresser un peu son portrait, Vincent a fait une école de commerce, il porte des chaussures bateau, met ses pulls sur les épaules, passe ses vacances chez « papa et maman en Bretagne », trouve

« extravagant et hyper moderne » le fait de porter des pantalons de couleur et voue un véritable culte à François Fillon… Vous voyez le topo ?

Cécile aimait rentrer dans les cases. On aime tous ça, au fond. Se fondre dans le moule. Mais en transgressant les interdits, en s'accordant ces longs mois de liberté cachée sous sa cape d'invisibilité, elle avait aussi goûté aux plaisirs d'être une femme libre et indépendante, chose qui paraissait quelque peu compliquée avec son cher et tendre qui rêve de vivre dans une grande maison en pleine campagne, entouré de ses mioches et de – je cite – sa « petite femme » qui lui préparerait de « bons petits plats ». Voilà, donc en gros le mec rêve de vivre dans un conte de Perrault avec pour épouse la nana de la pub La Laitière. Grosse grosse ambiance…

Cécile s'était rapidement mariée pour faire plaisir à papa et maman et avait donc fait un gamin dans la foulée, histoire de bien être sûre de s'enfoncer dans une merde dont elle ne sortirait vraiment jamais. Sa soirée d'anniversaire rassemblait donc des individus des deux camps. D'un côté, il y avait les gens au bar – installé stratégiquement près de la fenêtre, les alcooliques/fumeurs étant invités à ne PAS fumer à l'intérieur – et de l'autre les gens assis. Mais quand je dis « les gens assis », je parle de ces fameuses personnes qui passent toute leur soirée assises. Vous savez ces gens qui, une fois que le canapé a bien pris la forme de leurs fesses, ne trouvent jamais la force de se relever.

C'est très cliché de différencier les gens comme ça puisque naturellement, tous les « Versaillais cathos bien sous tout rapport » ne sont pas des gens chiants qui n'ont aucune ouverture d'esprit. Je suis bien d'accord, seulement, à cette soirée, il s'est avéré que si, les apparences n'étaient pas trompeuses et deux clans s'apprêtaient à s'affronter.

Le duel a commencé lorsque l'une des nanas du groupe rival – ambiance *West Side Story* – s'est approchée de la fenêtre. À ce moment-là, j'étais en train de parler avec Caroline – ma pote de soirées qui a toujours été du côté des alcooliques adeptes du *walk of shame* – de sa non-existence de vie sexuelle d'où découlait une réflexion tout à fait pertinente selon laquelle, « elle serait peut-être lesbienne » ! Caroline était assez intense comme copine, c'était soit tout l'un, soit tout l'autre. Soit elle tombait amoureuse comme on prend son métro – quotidiennement –, soit elle ne rencontrait personne et était très certainement « une lesbienne qui s'ignore ». C'est au moment où je dissuadais Caroline – légèrement imbibée – de tenter de rouler une énorme pelle à une fille du gang des colliers de perle – très très mauvaise idée, vous êtes d'accord – qu'Éléonore nous a interrompus.

Elle est arrivée avec un grand sourire, je me suis d'abord senti idiot d'avoir passé la soirée à les toiser du regard en pestant qu'« Il y en a pas un qui viendra nous parler, tu vas voir ! » alors que c'était finalement l'un d'eux qui venait engager la conversation. Tout s'est passé très vite, elle nous a demandé du feu pour « allumer les bougies » – j'ai bien cru qu'elle allait s'en griller une mais quand même, faut pas pousser – et ce que nous faisions dans la vie, pour finir par : « Et du coup vous avez des enfants ? »

Cette phrase a fini de me convaincre que j'avais affaire à la pire des pestes. J'étais face à une Bree Van de Kamp, une Catherine de Merteuil ou, pire encore, une Blair Waldorf. Elle venait quand même de poser la fameuse question des enfants à deux individus qui avaient répondu à sa question « Vous faites quoi dans la vie ? » par :

Moi : « Je suis humoriste et je fais des vidéos sur internet ! »

Caroline : « Je cherche ma voie… et un plan cul ! »

Clairement, la nana connaissait très bien notre statut parental et venait juste nous cracher à la gueule cette foutue pression sociétale que Caroline et moi nous efforcions d'éviter 99 % de notre temps. Elle allait jouer la carte de la provocation et n'attendait qu'une chose, c'est qu'on s'énerve, pour nous faire passer pour des gauchistes/insoumis/alcooliques/partouzeurs/pro-avortement. J'étais prêt à relever le défi du sang-froid mais j'avais besoin d'un soutien sans faille et Caroline amorçait déjà sa cinquième vodka tonic – la défaite était annoncée.

Tout en gardant un sourire de façade tout droit sorti d'un débat politique où chacun des candidats cherche à nous la mettre un peu plus profond, elle a commencé à nous déblatérer sa vie de mère de famille sans que ni Caroline ni moi ne trouvions la force de mettre fin au supplice.

« Plus de 30 ans et toujours pas d'enfant ? Moi, tu vois, j'ai eu le premier à 29 ans et maintenant que j'en ai trois sur les bras, je ne m'en sors plus ! Je pense que je les ai eus trop tard, j'ai plus assez d'énergie… Vous savez, faut pas trop tarder, l'horloge tourne hein ! Tic-tac, tic-tac ! D'autant que passé 35 ans, les risques de trisomie sont vachement plus importants… »

Je ne sais pas si c'est le fait qu'on ait l'air si libres – ou si inconscients – qui la taraudait et la poussait à nous vendre à tout prix le statut de mère au foyer ou si elle avait juste besoin de parler, de se rassurer sur son propre bonheur comme ça, et que non, « elle ne regrettait pas de ne pas pouvoir rentrer à 5 heures du mat' complètement déchirée à cause des trois moutards qui l'attendent à la maison »…

Je voyais le regard de Caroline se perdre, comme si elle cherchait en elle le bruit de cette fameuse horloge biologique. Est-ce qu'elle l'entendait aussi ? Moi, je l'entendais. Le discours d'Éléonore me rappelait combien je repartais de zéro et combien Clément avait tout rasé sur son passage. J'étais seul, j'avais 30 ans et, je me le rappelais d'un coup, je l'avais lu quelque part, le délai moyen pour une adoption était de cinq ans et les chances d'arriver au bout de la démarche s'amenuisait passé la barre des 40.

Soudain, j'étais ailleurs, j'avais le sentiment d'être dans *Peter Pan*, sur le pont du bateau du capitaine Crochet, ou bout d'une planche, pieds et poings liés, prêt à être jeté par-dessus bord pour être dévoré par ce fameux crocodile au sein duquel gisait mon horloge à moi. Tic… Tac… Tic… Tac… Je me voyais déjà quarantenaire, seul dans un grand appartement avec plein de chambres pour accueillir mes nièces qu'on me confierait de temps à autre pour occuper mes longues journées de vieux garçon… J'avais envie de gratter la rétine d'Éléonore avec une seringue usagée tellement je lui en voulais d'avoir interrompu notre conversation sur la future conversion au lesbianisme de Caroline.

Je précisais au début de la chronique qu'il n'y a pas eu de mort à la fin de cette soirée comme cela devrait être le cas lorsque deux bandes rivales s'affrontent, et c'est grâce à Cécile. Je n'avais pas réalisé mais elle venait de souffler ses bougies et au lieu de remercier tout le monde d'être venu pour fêter ses trente bougies, elle hurla ces mots :

« J'ai 30 ans, un enfant et mon mari ne me touche plus depuis l'accouchement ! »

Le fils de Cécile a 1 an…

Quelques jours après la soirée, nous avons déjeuné tous les trois avec Caroline et Cécile. Elle nous a raconté que Vincent n'arrivait à bander qu'en lisant des magazines cochons, que son éducation très « coincée du cul » – je reprends ses mots – l'avait complètement castré et qu'il n'arrivait pas à vivre sa sexualité autrement qu'à travers le prisme du porno… Merci papa, maman !

Cécile divorcerait certainement. Un an et demi de mariage et un enfant plus tard.

Elle avait l'air triste. À juste titre d'ailleurs. Elle avait fait tout ça pour « faire bien », pour faire plaisir et finalement, elle s'était oubliée. J'ai repensé à ma petite horloge et ai décidé de la mettre un peu de côté. Je n'étais peut-être pas casé, sûrement pas près d'avoir des enfants, mais au moins j'étais libre et le mec avec lequel je déciderais d'en avoir, c'est moi qui l'aurais choisi et *a priori*, même en France, au XXIe siècle, ça paraissait être un petit luxe…

TOP 50 DES PIRES VRAIES EXCUSES UTILISÉES POUR QUITTER QUELQU'UN

Partie 4/5

Toi et moi c'est comme Capri, c'est fini !

Je suis désolé mais j'ai mis la voisine enceinte…

Je n'ai pas l'étincelle !

J'aimerais avoir des enfants mais je ne suis pas certaine d'avoir envie qu'ils te ressemblent !

Tu es super jolie là maintenant, mais j'ai peur qu'avec le temps tu finisses par ressembler à ta mère…

Nous deux c'est comme Jack et Rose…
On voudrait y croire mais on sait pertinemment que ça ne marchera pas !

Je sens que j'ai envie de voyager, de rencontrer des gens, de faire de nouvelles expériences.

Mais sans toi !

Je sais qu'être en couple c'est faire des concessions, mais la fidélité c'est trop pour moi…

(Au restaurant)

– T'as envie de quoi ?

– Qu'on arrête de se voir…

Tu es la femme de ma vie, ma meilleure amie, ma confidente, ma maîtresse…

Mais entre nous ça ne marchera pas !

Je sais que toi et moi on est liés mais ça ne sera pas dans cette vie…

« Tu me diras l'amour
Comme une journée d'été
Comme un fruit qu'on savoure
Et moi je te croirai
À moitié, à demi, pas du tout … »
Michel Berger

BUDGET PSY : 1 panier, 1 extracteur de jus, 1 livre de recettes détox et 1 compte Instagram avec plein de hashtags pour faire croire que ta vie ressemble à celle d'une blogueuse lifestyle

C'était un dimanche matin. Je crois que c'est le premier depuis ma rupture avec Clément où j'ai réussi à émerger avant 14 heures, sans gueule de bois et avec l'intention d'essayer de faire quelque chose de partiellement constructif de ma journée.

Le dimanche est une journée condamnée pour beaucoup d'entre nous. C'est peut-être le seul jour de la semaine sur lequel tout le monde arrive à se mettre d'accord. Que l'on soit célibataire ou en couple, le dimanche c'est soit synonyme de déjeuners interminables à devoir supporter sa (belle-)famille. Soit une journée que l'on passe seul(e) au fond de son lit à maudire ces gens qui ont justement des déjeuners de (belle-)famille[28].

J'avais donc prévu de profiter de ce dimanche pour prendre soin de moi, me prouver que non, ce n'était pas qu'une journée qui « ne sert à rien ».

J'ai ouvert mes fenêtres en grand, pris une douche, enfilé une tenue casual – sportwear – un peu stylée mais confortable, j'ai dégainé les petites lunettes de soleil[29], mon tote bag et je suis allé faire le marché !

---

28. Tout en sachant pertinemment qu'en réalité tu ne les envies pas du tout mais que t'as juste envie/besoin de te plaindre – c'est un plaisir. J'ai le droit-Je fais ce que je veux-Je suis seul-Personne pour me dire d'arrêter-Vous n'allez pas m'enlever ça.

29. Y en avait pas beaucoup mais un peu. Genre assez pour pas avoir l'air con. Peut-on parler de ces gens qui portent des lunettes de soleil dans le métro, par temps de pluie ou alors qu'il fait nuit ? Je crois qu'il n'y a rien qui m'énerve plus que de parler à quelqu'un qui porte des lunettes de soleil alors qu'il n'y a pas de soleil… Si, peut-être Donald Trump, Christine Boutin ou les gens qui disent « Au plaisir ! », ça, ça rend ouf !

Aller faire ton marché quand t'es célibataire, c'est réconfortant. Déjà parce que ça veut dire que tu fais tes courses en même temps que les gens qui ont une vie de famille ou même simplement des gens qui ont juste une vie… Sérieusement, la dernière fois que j'étais allé au marché c'était après avoir couché avec le pire mec de la planète, il était 6 h 30 du mat' et je n'avais pas choisi d'aller acheter des légumes frais, j'avais atterri là par hasard alors que j'étais moi-même dans un état végétatif.

Je me suis acheté de quoi me faire à manger sainement, j'ai choisi des produits français, dit bonjour à tous les commerçants, me suis offert des fleurs de saison pour ne pas oublier de respecter la planète. Bref, pendant quelques minutes j'ai cru que j'étais Belle dans *La Belle et la Bête* ou une espèce d'influenceur lifestyle – bio écolo veggie mon cul – insupportable qui te fait culpabiliser sur ta consommation de viande alors qu'il a le smartphone dernier cri à la main.

Sur le chemin du retour, je suis tombé sur une

connaissance de soirée[30]. D'ordinaire, j'aurais fait en sorte de l'esquiver – soyons très clairs, les gens avec lesquels tu te trouves mille points en commun dans un fumoir de boîte de nuit à 4 heures du mat', t'as quand même vachement moins de choses à leur raconter à la lumière du jour.

Gaspard était un fêtard et un éternel célibataire. Aussi, je me suis rué sur lui. Son statut de célibattant, cette manière qu'il avait de profiter du moment présent était ce qu'il me fallait à ce moment-là de ma rupture. Il fallait que j'apprenne à vivre pour moi, à lâcher prise, Gaspard tombait à point nommé.

Au premier abord, j'étais vraiment content de le croiser ! Il sortait d'un supermarché de proximité, un pack de San Pelegrino à la main[31], et deux chiens l'attendaient à l'entrée du magasin. Pour moi, le mec était si seul qu'il était carrément résigné, il avait accepté la fatalité, il allait finir seul avec deux animaux de compagnie minimum ! Soyons honnêtes, être seul avec un

30. Un individu que tu croises systématiquement en soirée complètement déchiré avec lequel tu passes le temps d'une cigarette à refaire le monde et à vous promettre de vous « voir plus souvent, c'est trop bête, à chaque fois, on se dit ça mais on ne le fait pas… Voyons-nous ! »

31. Il était donc forcément en pleine gueule de bois.

animal ça passe mais au-delà d'un, c'est quand même le signe que tu bascules… Avoir un chat ou un chien ça fait bien, ça fait genre « Je sais m'occuper d'autre chose que de moi », mais plus ça fait juste « Je suis seul(e)-L'espèce humaine me dégoûte-Au moins, les animaux sont fidèles-Ils ne me trahiront jamais. »

Malheureusement pour moi, et pour lui je crois, un élément a mis à mal toutes mes théories autour de la solitude infinie de Gaspard. Caché derrière lui, dissimulé, couleur camouflage comme pour se fondre dans le décor… un CADDIE À ROULETTES !!!

Gaspard avait donc basculé officiellement du côté obscur de la force, du côté des gens qui achètent des choses laides parce que « c'est pratique » !

Le Gaspard que je connaissais n'aurait jamais cédé à cette tentation, quelque chose avait changé dans sa vie, c'était sûr !

Il a fait une désintox !

Il a un cancer ou une grave maladie qui l'a obligé à changer de vie[32] !

---

32. Et qui expliquerait la présence de deux poireaux dans son Caddie ! Sérieusement, qui cuisine des poireaux pour de vrai ? Genre pour le plaisir… Ça n'a aucun sens !

Il a été hypnotisé ou fait partie d'une communauté hippie ou d'une secte et on le retrouvera bientôt dans les pages faits divers après avoir participé à un suicide collectif !

Je ne sais pas combien de temps j'ai passé à l'observer, imaginant une raison valable de le voir se balader avec cette création du démon mais soudain, j'avais compris…

Rien de tout ça ! Pire même que toutes ces choses réunies !

Gaspard avait rencontré quelqu'un…

Ma réaction paraît sans doute quelque peu disproportionnée, mais pour tout individu traversant une rupture amoureuse, constater que la vie affective de la personne la plus célibataire du monde est plus remplie que la sienne, c'est un peu l'équivalent d'une journée sans fond de teint orange pour Donald Trump : inconcevable !

J'avais décidé de bien commencer la journée et soudain, j'avais le sentiment de toucher le fond ! Ou presque… Je l'ai officiellement touché lorsque Gaspard a prononcé ces mots :

« J'dois filer ! Ma moitié fait la grasse matinée… »

Le mec venait de me renvoyer toute la perfection de sa journée avec un alexandrin et une rime !

Sérieux, le mec venait de faire un alexandrin qui rime, c'est pas une blague ???

« Ma moitié »…

Non mais qui utilise ce genre d'expression ?

Le mec avait passé des années à coucher avec tout Paris, criant sur tous les toits qu'il était libre et qu'il refusait de rentrer dans les cases que nous imposait la société, et d'un coup, parce qu'il a « rencontré quelqu'un », le mec est devenu une moitié de personne !

Oh et cette image de lui rejoignant sa « moitié » qui fait la grasse matinée comme dans une comédie romantique foireuse dans laquelle personne ne ronfle, où il fait toujours beau et où personne ne simule jamais aucun orgasme…

« Ma moitié »…

Ça veut dire quoi exactement ?

Ça m'a fait penser à une réflexion que ma cousine avait eue à l'égard de son frère alors qu'ils s'étaient engueulés…

« Non mais lui, il a été fini à la pisse ! »

L'image est hardcore, on est d'accord, mais c'était un peu ça dans la bouche de Gaspard !

Si les gens célibataires n'étaient que des moitiés, de quoi étais-je fait ???

50 % moi et 50 % rien ???

J'ai dit au revoir à Gaspard, suis rentré chez moi et ai décidé de me faire à manger pour moi ! Seul, certes mais entier, complet, même sans « moitié » !

C'était dimanche, il allait faire moche mais ce n'était pas grave. Comme Rose et Jack l'avaient fait avant moi, j'ai trinqué avec moi-même pour une raison toute simple : « Pour que ce jour compte ! »

LE FAMEUX TEXTO POUR « PRENDRE DES NOUVELLES DE SON EX SANS AVOIR L'AIR D'EN PRENDRE »

Moi :
Oui, c'était vraiment super cette soirée !
À très vite j'espère…

Tu fais genre tu envoies un texto à un mec avec lequel tu as passé une super soirée pour rendre jaloux ton ex !

Petite astuce de grand manipulateur : sous-entendre que tu réponds à un texto que le mec t'aurait envoyé ! Pas de « coucou », « salut », ni rien ! Ce n'est pas toi qui as fait la démarche d'envoyer le premier SMS, parce que depuis votre rupture tu es devenu « hyper insaisissable » !

« À très vite j'espère… » : les trois petits points de suspension de la michto. Traduction : J'ai très envie que la prochaine fois on baise sauvagement ensemble en mode Sharon Stone et Michael Douglas dans *Basic Instinct* – pic à glace non exclu mais à manier avec grande précaution…

On ne termine pas le SMS par un bisou ou quoi, on reste sur une touche très « femme fatale » !

Moi :
Excuse-moi, je me suis planté de destinataire !!! Déso…

Quelques minutes plus tard, le fameux texto pour « engager la conversation »… Genre je suis désolé, j'ai vraiment pas fait gaffe, je m'envoie tellement en l'air en ce moment, je ne sais plus du tout où j'ai la tête… « Déso » donne à ce message un tonalité de pétasse de 15 ans qui passe sa vie sur Snapchat, c'est absolument insupportable… Toi-même tu conchies les gens qui disent ça, et pourtant…

Lui :
…

Les fameux « … » signifiant « Tu me prends pour un con ? »

Moi :
Quoi ?

Entendez : « Je vois pas du tout de quoi tu parles… »

Lui :
Vraiment ?

Là, il te laisse une chance de te rattraper. T'as encore le temps de confesser la vérité et de ne pas avoir l'air complètement désespéré…

Moi :
Vraiment quoi ?

Tu prends donc clairement le parti de t'enfoncer…

Lui :
Vraiment, tu fais le truc de « l'erreur de destinataire » ?

Ultime porte ouverte pour tenter de sauver sa dignité…

Moi :
Non, je fais pas le « truc »… J'ai envoyé le message à quelqu'un dont le prénom est juste avant toi dans mon répertoire !
Mon doigt a ripé…

Utilisation déplacée d'un argument surutilisé par tout individu ayant essayé de relancer une conversation avec son ex. Les branches sont cassées, tu le sais, mais tu tentes de t'y accrocher.

Lui :
Ah ok…

Il n'a pas trouvé d'autre réponse. Vous savez tous les deux ce que tu viens de faire, il essaie de limiter la casse…

Moi :
Ça va toi ?

Pendant que t'essaies de faire diversion…

Lui :
Oui, oui…

Il est blasé… tu ne vas rien en tirer…

Moi :
Ok…

Tu prends conscience que tout ça n'aura servi à rien et que tu vas devoir aller boire des coups pour oublier que t'as fait une grosse boulette…

Moi :
T'es vénère ?

Mais tu décides de ne pas lâcher l'affaire… Tant que t'as pas touché le fond, rien n'est perdu paraît-il…

Lui :
Bah non pourquoi ?

Quand t'essaies de t'extirper d'une situation qui devient gênante pour les deux protagonistes, tu vois les personnages qui s'enfoncent dans les sables mouvants ? Ton ex vit la même chose sauf que là, c'est toi qui le tires vers le fond…

Moi :
Tu dis rien…

Laura Pausini a écrit une chanson sur la sensation perçue à ce moment de la conversation, elle s'appelle *La Solitudine*…

Lui :
Bah y a rien à dire de plus, si ?

Entendez : « On arrête le massacre ici non ? C'est mieux. »

Moi :
Non, t'as raison ! À +…

« À + » ? Vraiment ? Ce moment très gênant où tu te mets à parler comme les candidats de téléréalité sur NRJ12… Genre « Ouais t'as raison, de toute façon, je vais pas me prendre le chou avec toi, t'as vu ! Moi, je suis une grande gueule, je suis cash ! »

Lui :
Ahahah ! Oui ! « À + » ;-)

Il vient de t'achever. L'utilisation des guillemets s'est faite durant toute la conversation et servait de piques lancées l'un à l'autre mais clairement, il vient d'en faire la meilleure utilisation…

Mon ex 1 / Mon ego – 1 000

MONOLOGUE INTÉRIEUR QUAND ON TE DIT « UN DE PERDU DIX DE RETROUVÉS »

Non mais pour qui elle se prend, elle ?

À me regarder de manière hautaine là en me balançant des vieux proverbes de merde tout droit sorti d'un roman de Marc Levy !

Non mais sérieux, la meuf s'est prise pour ma psy…

Un de perdu, dix de retrouvés…

Vu la tronche de ton mec ma chérie, je ne préfère pas en rencontrer dix des comme ça !

Dix de retrouvés…

C'est horrible !

Ça veut dire quoi en fait ?

Que je vais finir par oublier Clément, en rencontrer dix autres, que dans le tas, y en aura peut-être un de potable et que dans X temps, on va se séparer et que le but ultime de toute vie c'est de rencontrer des dizaines de partenaires potentiels jusqu'au dernier qui acceptera de t'accompagner dans ton dernier souffle ?

Ou que de toute façon, c'est inconcevable de vivre sans avoir quelqu'un dans sa vie ?

Genre si t'es pas en couple, tu ne peux pas vraiment être heureux ?

Je ne vais pas me mettre à rencontrer des connards juste pour me sentir exister aux yeux de quelqu'un !

Putain, comment j'ai grave mûri !

J'aurais jamais dit ça y a une semaine…

J'ai juste envie de rencontrer personne pour lui prouver à cette connasse qu'on peut très bien être en phase avec soi-même sans se sentir validé par quelqu'un d'autre !

Moi quand j'aime, j'aime intensément, je donne tout, je suis pas avec quelqu'un pour faire joli !

En fait, l'amour c'est devenu un produit de consommation !

Tu achètes, tu consommes, tu répares un peu et puis tu jettes…

C'est ça ? Même les relations amoureuses sont sujettes à l'obsolescence programmée ?

Oh l'angoisse !

Moi, je n'ai pas du tout envie de vivre des ruptures amoureuses tous les sept ans !

Imagine, je me fais larguer la veille de mon dernier souffle en plus !

Genre, je meurs seul !

Oh là, là… Et puis avec le cul que j'ai, je ne vais même pas réussir à en garder un assez longtemps pour qu'on ait des gamins.

Je vais mourir seul, sans enfant, sans mec.

Même mon futur chien va m'abandonner tellement je pue la lose…

Elle est là à essayer de me « rassurer » parce qu'elle est sûre d'avoir rencontré le « bon ».

Le bon…

Non mais ça veut rien dire !

Pas sûr qu'il pense que c'est la femme de sa vie quand il s'apercevra à quel point elle est chiante !

C'est marrant ces nanas chez qui rien ne dépasse.

On la croirait sortie d'une série télé américaine genre *Dynastie* avec son balai dans le cul.

Dix de retrouvés ?

Pas sûr qu'elle les ait rencontrés elle, elle serait un peu moins frigide si elle s'était un peu plus envoyée en l'air.

Dix de retrouvés…

La meuf est en train de me souhaiter de me choper une MST !

La saloooope !

La meuf me prend de haut parce que je suis homosexuel et que du coup, maintenant que je suis seul, je vais forcément m'envoyer en l'air avec tout le monde pour oublier que j'existe…

T'es mal tombée ma chérie, j'ai déjà fait cette boulette de céder aux avances d'un pervers narcissique et j'ai même pas chopé une petite mycose !

Ahahaha !

La meuf est trop vénère…

« La mer
Les a bercés
Le long des golfes clairs
Et une chanson d'amour
La mer
A bercé mon cœur pour la vie »
Charles Trenet

BUDGET PSY : 2 enterrements, 2 réceptions post mortem, 2 frais de succession, 1 cercueil et 1 urne

Pour te donner une idée, c'est l'équivalent de la vente intégrale de tous tes organes…

Avec la trentaine, on commence à s'habituer à voir nos proches acheter, se marier, avoir des enfants, se construire une petite vie de famille, mais on apprend aussi à côtoyer la mort.

En l'espace de quelques mois, j'ai perdu mes deux grands-mères et je me souviens qu'à leur enterrement, j'ai eu une sensation assez étrange.

J'étais triste d'avoir perdu deux personnes avec lesquelles j'avais pu partager des vacances étant enfant, des déjeuners après l'école le mercredi midi, des conversations mouvementées à essayer de leur faire entendre mon point de vue sur des sujets compliqués qu'on essaie généralement d'éviter aux personnes plus âgées en pensant qu'elles ne peuvent pas comprendre.

Je déteste les gens qui estiment que sous prétexte qu'on ne partage pas la même génération, on doit forcément se résigner et accepter que nos aînés ne comprendront jamais nos divergences d'opinion, puisque de toute façon « on ne peut pas changer les gens ». Si on n'essaie pas, c'est certain qu'on n'y arrivera pas !

Mes grands-mères étaient relativement différentes mais se rejoignaient sur bien des points. Elles étaient des femmes fortes – chiantes même par moments –, têtues mais très tendres à leur manière. Souvent, nous avons parlé de mes histoires d'amour et Clément était la dernière personne qu'elles m'avaient vu fréquenter.

Mes deux sœurs ont eu la chance de se marier avant qu'elles ne nous quittent et soudain, je me retrouvais à leur enterrement, seul. Je m'étais toujours dit que, si elles ne pourraient peut-être pas être présentes à mon mariage, ayant une difficulté certaine à pouvoir exprimer ces mots que d'autres semblent dire sans entrave : « C'est le bon/la bonne », j'avais toujours espéré qu'elles partiraient me sachant « casé ».

Et finalement, j'étais là, à assister à leur départ spirituel entouré de ma famille sans avoir à mes côtés cette moitié dont tout le monde parle. Je n'étais qu'un demi, comme l'avait suggéré Gaspard, et je découvrais le manque de ne pas avoir cette fameuse épaule sur laquelle j'aurais pu épancher ma tristesse. Cette personne qui se tiendrait à côté de moi, prête à tout moment à me voir m'effondrer entre deux discours larmoyants sur l'autel de l'église et à rester digne pour moi, pour nous, pour cette unité que la société nous demandait de former.

J'étais seul. Entouré de tous ces proches venus à deux et alors que je ne cessais de penser à Clément et à combien j'aurais aimé qu'il soit là car lui seul connaissait toutes les étapes par lesquelles j'avais pu passer durant leurs maladies respectives[33]. Soudain, j'avais peur de mourir seul.

Ce n'est pas tellement la peur de la mort qui m'habitait, j'avais longtemps eu cette angoisse d'envisager la mort comme un trou noir étant petit et je m'étais fait à l'idée !

On ne sait jamais quand on va partir et alors que je croisais les doigts pour que cela n'arrive pas de sitôt[34], je me suis demandé si je laisserais quelqu'un derrière moi. Un veuf, une âme esseulée que les gens viendraient prendre dans leurs bras pour le réconforter et lui dire que s'il avait « *besoin de quoi que ce soit, il pouvait les appeler, jour et nuit, ils seraient là* » – gros mytho que tu sors aussi à tes potes en période de rupture alors qu'une semaine plus tard, tu te remets à filtrer ses appels nocturnes : « *Non mais il est 2 heures du mat', là, je suis crevé, c'est relou, je ne décroche pas !* »

---

33. Un cancer pour l'une, trois pour l'autre – la seconde gagne ! Cette maladie est une putain de tannée, que tu fumes ou pas, que tu manges du sucre en intraveineuse H24, j'ai l'impression qu'on ne sait jamais sur qui ça peut tomber.

34. Promis, au 1er janvier j'arrête les happy hours et les (paquets de) « cigarettes mondaines ».

Je voyais mes grands-pères regarder les cercueils de leurs femmes, de leurs « moitiés » et si la vision de ces deux hommes si dignes mais soudainement si seuls m'a rempli de tristesse, je ne pouvais m'empêcher de penser combien ce moment était d'une grande beauté. Ils étaient là, à veiller sur le corps inanimé de leur épouse qu'ils avaient aimée jusqu'au bout, et si les derniers temps avaient été compliqués à gérer tant la souffrance de ces deux femmes avait été intense, une certaine forme de quiétude se lisait aussi dans leur regard.

Ils avaient été présents et quoi qu'il leur arrive, ils étaient sûrs qu'ils les rejoindraient. Quand ? Ils ne le savaient mais je percevais dans leurs traits cette satisfaction de ne pas être partis avant elles. Elles reposaient en paix et si le reste de leur chemin serait accompagné d'une certaine mélancolie, ils le savaient, bientôt, ils reposeraient près d'elles et « *ils seraient très bien là tous les deux* ».

Dans ma tête, les idées se bousculaient. Qui irait dire quelques mots pour moi ? Qui s'écroulerait sur mon cercueil si j'étais amené à mourir seul ? Allais-je passer le reste de ma vie à m'entendre dire aux réunions de famille : « Alors, toujours rien ? » C'est dingue comme ces moments peuvent nous ramener à nos propres angoisses.

Les larmes qui coulaient sur mes joues étaient gage de tristesse et d'une certaine forme de soulagement de voir partir ces deux grandes mamans qui n'étaient plus tout à fait les mêmes tant le visage de la mort avait peu à peu pris le dessus sur la douceur de leurs traits. Mais j'étais aussi affecté de ne pas avoir pu leur offrir de *happy ending*, elles qui semblaient suivre mes tribulations amoureuses comme j'attendais le prochain épisode de *Melrose Place*.

À la fin des deux cérémonies, il s'est passé exactement la même chose, je suis rentré chez moi à pied après que mon père m'a déposé dans mon quartier, j'ai allumé une cigarette – j'en avais pas envie mais c'était de circonstance –, il faisait gris mais doux et je me suis souvenu de ce que m'avait dit ma grand-mère une fois alors que je lui expliquais que les choses étaient – toujours – un peu compliquées avec Clément : « Tu sais mon chéri, il vaut mieux vivre seul que mal accompagné. » Cette phrase je l'aurais détestée dans la bouche de beaucoup de gens mais venant d'elle, je l'ai vue comme une manière de me rassurer. Je l'ai prise comme une manière de me dire : « Ce n'est pas la personne que tu rencontreras qui m'importe, c'est toi. »

J'ai trouvé ça touchant venant de quelqu'un qui avait vécu à une époque où les carcans étaient bien plus oppressants.

Certes, j'étais seul mais je gardais en moi l'espoir de rencontrer quelqu'un qui m'accompagnerait « jusqu'à ce que la mort nous sépare » – ou du moins une partie du chemin…

Quoi qu'il arrive, et c'était pour moi un accord tacite entre nous, Clément m'avait tellement fait mordre la poussière que le jour où l'on me mettrait sous terre, il se sentirait forcément obligé de venir me faire une dédicace.

« Mais c'est trop tôt pour dire je t'aime.
Trop tôt pour te l'entendre dire.
La voix que j'entends, c'est la sienne.
Ils sont vivants, mes souvenirs.
Pardonne-moi : c'est lui que j'aime.
Le passé ne veut pas mourir. »
Barbara

Budget psy : 1 pull en cachemire, 112 chocolatines et 30 paquets de Special K

On fait genre on adore ça parce que la nana dans la pub est bien gaulée et qu'elle a l'air de prendre son pied à bouffer de la nourriture pour lapins, mais en vrai c'est tellement sec !

J'ai rencontré Antoine à une soirée. C'était pas une soirée chez des potes, hein. Non, c'était une soirée en boîte[35], une soirée à laquelle j'étais allé avec ma pote de chope, Caroline.

35. En club ? Je sais plus comment il faut dire pour avoir l'air cool, c'est horrible, j'ai l'impression d'être ma mère quand elle prononce le mot « bluetooth » !

Avec Caroline, on peut passer toute une nuit à danser n'importe comment[36], parler à des inconnus, fumer des clopes, rouler des pelles à des mecs sans que ça ne pose de problème. On est comme un couple libre. On est venus ensemble mais si l'un d'entre nous passe un peu de temps avec quelqu'un d'autre, ce n'est pas grave. L'autre fait sa vie tout en gardant un œil sur son complice de soirée. Avec Caroline, on est des matchs grave, on sait qui va plaire à qui, quand on a envie de rentrer, on a nos petits codes quand un mec commence à devenir relou et qu'on a besoin d'une intervention… Bref, Caroline, c'est ma copine, quoi !

On était donc à cette soirée et c'était la première fois que je ressentais cette sensation très agréable d'apaisement. J'étais là, en train de danser sur un remix de *Blue Monday*[37], j'étais même pas ivre caisse comme ça aurait pu être le cas à peine quelques semaines après ma rupture. Non. J'étais juste euphorisé par cette quiétude intérieure qui m'animait. Pour la première fois

---

36. J'assimile souvent notre style chorégraphique à la manière qu'a Phoebe de pratiquer l'art du footing dans *Friends*. Saison 6, épisode 7, pour les incultes !

37. De New Order, 1988, bébé, c'est la base !

depuis pas mal de temps, je me sentais désirable sans le besoin qu'un garçon quel qu'il soit ne valide cette opinion. J'étais sûr.

J'avais repéré Antoine depuis quelques minutes déjà mais je m'amusais et j'avais pas envie de jouer au jeu du « Je le regarde. Il me regarde ? Je le regarde. Il m'a souri ? Je fais quoi ? J'y vais ? » J'avais juste envie de m'amuser et j'étais surtout en plein dans la phase de la soirée où l'alcool a un impact positif sur ton moral et que tu pars du principe que « si ça doit se passer, ça se passera[38] » ! Évidemment, j'avais très envie de faire l'amour[39], j'avais le sentiment de ne pas avoir senti le corps nu de quelqu'un contre le mien depuis des décennies[40] mais je ne voulais pas coucher à tout prix, j'avais décidé de commencer à prendre soin de moi, je voulais donc absolument éviter de me taper un *walk of shame* le lendemain matin…

---

38. Alors que, soyons clairs, quand quelqu'un te dit ce genre de phrase, t'as juste envie de lui répondre : « Non mais *carpe diem* mon cul, tu sais combien de temps ça fait que je me suis pas envoyé en l'air ? »

39. Baiser, juste de baiser mais je peux virer un peu romantique une fois minuit passé… C'est mon petit côté princesse/martyre… #Cendrillon

40. Caro utilise cette charmante expression : « Ouais, t'as la culotte qui sent le vieux frigo quoi ! » Très imagée, hein ?

Antoine me regardait, c'était sûr, je n'ai même pas eu besoin de poser la question à Caroline, je me sentais comme une gazelle en train de brouter gentiment son herbe alors qu'un guépard rôde aux alentours…

Traduction : Je faisais gentiment la michto sur le dancefloor.

Il s'est avancé, m'a souri, s'est approché de moi, m'a dit « Salut » avec un petit sourire en coin – absolument craquant –, s'est approché de moi, a posé ses mains sur mes hanches, s'est rerererapproché de moi et… m'a embrassé.

C'était bien. Bien parce que ça faisait longtemps. Bien parce qu'il était hyper sexy – brun, yeux foncés, barbu, habillé mais pas apprêté. Bien parce qu'il avait l'air sympa. C'est rare ! Honnêtement, le nombre de mecs à qui mes potes et moi on a pu rouler des pelles qui se sont avérés être des vrais connards est assez impressionnant. J'en venais même à redouter le moment où je deviendrais une de ces personnes aigries qui disent dès qu'on leur parle de mecs que « de toute façon, tous des lâches ! Au moins avec Misti – mon futur hypothétique chat –, on sait à quoi s'en tenir ». J'étais donc agréablement surpris ! Antoine avait de la conversation, était drôle – il s'est excusé auprès de Caroline d'avoir interrompu notre chorégraphie endiablée. Poli, donc – et il tenait encore debout, fait non négligeable à 3 heures du mat un samedi soir !

On a quitté les lieux une heure plus tard, il a commandé un VTC tout en me demandant : « Tu viens ? » C'était hyper excitant. Hyper excitant parce que déjà, le mec m'avait clairement mis le feu en quelques minutes, mais surtout parce que ce n'était pas vraiment une question, en fait. Y avait clairement une intonation interrogative mais c'était plus un : « Tu viens, on est d'accord ? » Comme si, depuis qu'il m'avait vu brouter l'herbe fraîche du dancefloor et que j'avais fait semblant d'ignorer la présence du fauve qui me tournait autour, nous savions très bien l'un et l'autre ce qu'il allait se passer. *It was destiny !* #SayMyName

Il était ostéo, avait une boucle d'oreille et était plus jeune que moi. Mes parents n'auraient jamais validé la chose, mon père est kiné et je les voyais déjà s'engueuler durant le prochain repas de Noël. Ma mère trouve que les boucles d'oreilles « ça fait mauvais genre » et tous deux m'auraient sorti l'argument selon lequel « j'avais tort de me lancer dans cette histoire, il a 24 ans, tu vas t'attacher, dans quelques mois tu te rendras compte que vous ne voulez pas la même chose, on va encore te récupérer à la petite cuillère et nous, on aimerait bien te marier avant de passer l'arme à gauche ». Pression sociale, quand tu nous tiens ! Bref, cette histoire semblait mal engagée et mon côté *drama queen* et moi, nous étions déjà em-bal-lés !

On a passé la nuit ensemble et on n'a même pas baisé en arrivant chez lui ! Pas que je ne voulais pas, hein – j'avais si faim que j'aurais pu me taper le père Fourras. Non, on n'a rien fait parce que monsieur avait trop bu et qu'il voulait « profiter de ce moment avec moi à sa juste valeur »… Le mec m'avait donc sorti les violons à un des rares moments de mon existence où je n'attendais qu'une seule chose, c'est justement qu'on arrête de me respecter – la faim justifie les moyens.

Au réveil, trois heures après notre coucher, une fois qu'Antoine et moi avions tout mis en œuvre pour salir dignement mon honneur – trois fois, magique –, j'ai réalisé que j'étais tombé sur une perle rare. Le mec était beau, drôle, intelligent, propriétaire – à 24 ans, j'ai envie de les flinguer ces gens-là – et était en train de me demander si je préférais un croissant ou une chocolatine. Une chocolatine !!! Je ne vous l'ai pas dit mais le mec venait du Sud-Ouest, mes parents allaient adorer au final. Et il s'apprêtait à aller me chercher des viennoiseries dans « la meilleure boulangerie » du 20e arrondissement[41]. Tellement d'exotisme !

Antoine est revenu avec deux croissants, deux chocolatines et une baguette. Il m'a proposé qu'on passe la journée ensemble, puis le week-end. Deux jours délicieux à faire des gâteaux au chocolat, à rire, à faire l'amour et à lire des BD dans son lit vêtu d'un caleçon et d'un col roulé en cachemire très large que j'avais piqué dans sa penderie. Je n'ai rien dit à personne à ce moment-là, j'avais pris le parti de profiter de ce week-end comédie romantique en laissant de côté les mille conversations WhatsApp/Messenger que j'entretenais quotidiennement avec mes différents groupes de potes. J'avais décidé de faire une parenthèse de douceur dans mon quotidien. J'avais quitté Paris et j'avais soudainement le sentiment d'être l'alter ego de Cameron Diaz dans une de ces comédies romantiques où la nana se réveille affublée de la

---

41. Si elles sont aussi nombreuses que les « meilleurs burgers de tout Paris », on n'est pas sortis…

chemise du mec avec lequel elle a passé la nuit ! Bah voilà, c'était tout pareil pour moi, sauf que moi, j'étais dans du cachemire ! Tu peux pas me test', bébé !

Tout se passait très bien avec Antoine, le mec était hyper à l'écoute. Je me confiais à lui en expliquant toutes les raisons pour lesquelles mon ex était « clairement un pervers narcissique[42] », argumentant que, de toute façon, « je sentais depuis un moment que j'avais besoin d'autre chose dans ma vie », que « ça pouvait plus continuer », rangeant ainsi dans un coin de mon esprit les fameux quinze jours suivant la rupture au cours desquels mon vocabulaire se limitait à « Pourquoi ? »/« Tu peux me passer une clope ? »/« Pourquoi moi ? »/« Qu'est-ce que j'ai fait ? »/« Tu peux me passer une clope ? »/« Putain, j'ai plus de mouchoirs… »

Tout a basculé quand j'ai compris qu'Antoine recherchait une vraie relation. Je n'y avais pas fait attention jusque-là, le fait de sentir qu'il était prêt à s'impliquer me permettait de garder mes petites habitudes de couple tout en m'offrant la

42. Prétexte favori et avancé à toutes les sauces de la part de tout individu s'étant fait larguer.

possibilité de vivre quelque chose de différent. Ça m'a frappé lorsque Antoine m'a demandé ce que je faisais le samedi soir alors qu'on était que mardi… Ça y est, on était passés du côté obscur de la force. J'avais tendance à être la personne du couple qui se projetait ou du moins qui contrôlait la projection et là, le mec faisait plus de projets que moi… Tout commençait à s'organiser de manière très monotone alors qu'on ne se « voyait » que depuis deux ou trois semaines maximum. On ne baisait déjà plus, on faisait l'amour – j'adore ça hein, mais au début, c'est bien quand ça sent un peu le sexe, quoi ! Le mec ne me roulait plus de grosses pelles dégoûtantes pour me dire bonjour mais il me « smackait ». Bref, on était en train de devenir un couple et c'est un matin au réveil que j'ai compris qu'au-delà de ne pas avoir vraiment envie de me réinvestir dans une vraie relation de couple, je n'y étais visiblement pas prêt…

Comme souvent, j'avais passé la nuit chez Antoine – j'avais un studio et lui un deux-pièces, il gagne – et alors que je me réveillais auprès de lui, j'ai cru l'espace d'un instant que la personne allongée à côté de moi était Clément. Ça n'a duré que quelques secondes à peine mais elles étaient là, présentes, je ne pouvais pas les renier. Durant un espace-temps infime, j'ai imaginé, je crois même espéré que j'étais en train de me réveiller chez Clément.

Nous nous sommes levés pour prendre notre petit déjeuner et c'est en avalant un morceau de tartine que j'ai réalisé qu'il fallait arrêter. Le mec me servait depuis deux semaines de la baguette au petit déjeuner alors que je mange des Special K mais qu'il refuse de m'en acheter parce que « C'est blindé de merdes ! » Mon sang n'a fait qu'un tour et comme une espèce d'hystérique, je me suis lancé dans un monologue interminable expliquant à Antoine que « les Special K c'est peut-être dégueulasse pour la santé mais je m'en fous, je fais ce que je veux, je vais pas changer pour un mec ! Moi je mange pas de baguette le matin, j'aime pas ça, ça fout des miettes partout et la croûte est toujours trop cuite, du coup ça me fait mal aux gencives quand je croque dedans. J'ai pas envie de baguette et j'ai pas envie de me formater à ton petit mode de vie, ok ? Ça va ! Il est ouf le mec, tu veux pas que je t'attende patiemment tous les soirs comme une ménagère des années 1950 avec ton verre de scotch à la main, un tablier autour de la taille non plus ? » Je n'avais pas tourné la page de mon ex, je devenais donc très – trop – excessif.

Silencieux mais certainement abasourdi, Antoine venait d'assister à ma renaissance en tant qu'être à part entière. Je réalisai qu'il avait été mon mec tampon, et que malgré sa grande capacité d'absorption, j'étais arrivé au bout. En plus d'avoir supporté les reproches à l'égard de mon ex, ma susceptibilité, mon désir d'indépendance mais aussi mon besoin chronique de marques d'affection, le type venait également de se manger en pleine face toute l'expression de la rancœur que j'éprouvais contre mon ex mais à qui je refusais d'adresser la parole parce que « je veux pas m'énerver face à lui, ça lui ferait trop plaisir, je refuse de lui donner ça » !

Je suis donc rentré chez moi – essayant, en vain de lui chiper son fameux cachemire –, un peu coupable d'avoir fait subir à cet ostéo de rêve les affres de ma déception amoureuse mais serein de comprendre que si j'avais pu m'apercevoir que d'autres histoires d'amour étaient envisageables, je n'étais pas encore disposé à les vivre.

J'ai vissé mes écouteurs dans mes oreilles, lancé ma playlist Barbara et écouté religieusement les maux de celle qui semblait la seule à pouvoir comprendre le sentiment qui m'habitait.

MONOLOGUE INTÉRIEUR « AI-JE BESOIN D'UN CHAT POUR PALLIER MA DÉTRESSE ÉMOTIONNELLE ? »

Donc tous mes amis sont en couple.

Moi pas.

C'est pas grave.

C'est pas grave parce que de toute façon, j'ai décidé de ne pas me mettre en couple juste pour dire que je suis en couple et que je ferai une belle rencontre quand le destin l'aura décidé.

C'est horrible, je commence à ressembler à ces gens insupportables qui affrontent les épreuves de la vie avec philosophie.

J'espère que je ne deviendrai jamais ce genre d'individu en couple qui console ses potes célibataires en leur sortant des banalités telles que :

– Tu sais, c'est quand on s'y attend le moins que ça arrive !

– Plus l'amour vient tard, plus il est ardent !

– L'amour, c'est comme une noix de coco, ça te tombe dessus sans que tu l'aies vu venir !

Je ne me souviens même plus qui m'a balancé ce proverbe de merde…

Une noix de coco sur la tête ?

Je ne sais pas quel est le pourcentage de chances qu'une noix de coco vienne te percuter quand tu vis en France métropolitaine, mais si les rencontres se font aussi régulièrement, j'ai plus qu'à mettre ma vie sexuelle en jachère…

C'est même pas un proverbe référencé je crois !

Ça doit être Cécile qui a dû me dire ça quand elle a rencontré Vincent…

Qu'est-ce qu'elle était chiante…

Les gens heureux sont tellement ennuyeux !

Ils t'observent toujours avec un mélange de tendresse et de pitié comme si t'étais une cause perdue…

Y a des moments, j'ai l'impression qu'ils me regardent comme le petit garçon avec les mouches sur le visage dans la pub d'Action contre la faim !

Une noix de coco…

Elle fait moins la maline maintenant qu'elle s'est aperçue que son Vincent chéri a besoin de mater des magazines cochons pour la sauter…

Elle est beaucoup plus sympa maintenant qu'elle est à nouveau malheureuse…

On a plus de conversation quand on va mal !

Quand tout va bien, c'est rapidement barbant en fait…

– Salut !

– Salut !

– Ça va ?

– Très bien et toi ?

– Nickel !

Qu'est-ce qu'on se fait chier…

En fait y a un côté assez galvanisant à embrasser tout l'aspect merdique de sa propre vie…

Je me sens seul, je me couche seul parce qu'en fait, je suis seul !

Là au moins, j'ai matière à me plaindre…

Quand ça va pas, t'as une marge de progression, c'est beaucoup plus intéressant !

Être heureux, c'est comme participer à un 100 mètres aux Jeux Olympiques alors que la ligne d'arrivée est juste derrière celle de départ, c'est frustrant !

Finalement, je me sens plus vivant seul et déprimé qu'en couple et heureux.

D'autant que ce n'est pas forcément parce que les gens sont en couple qu'ils sont heureux !

Non mais quand Cécile m'avait suggéré l'idée de prendre un chat…

Cette manière de me le proposer comme si c'était la dernière alternative imaginable avant que mon statut de célibataire ne me pousse à me foutre en l'air !

Ça va ! C'est pas la fin du monde de ne pas s'être tapé quelqu'un qu'on aime depuis des mois, hein !

D'ailleurs ça fait des mois que personne ne m'a touché…

Je suis seul, je ne suis pas malade !

J'ai pas la gale !

Un chat…

Non mais n'importe quoi !

…

C'est mignon un chat…

Mais ça pue !

…

Ça fait des câlins aussi…

De toute façon, je préfère les chiens !

…

Ouais mais les chiens c'est encore plus sale !

Et puis, devoir sortir le chien alors que je reviens de soirée complètement déchiré, je pense qu'il n'y a rien de pire…

Si ! Devoir sortir ton chien après un plan cul raté…

T'imagines, il est 8 heures du matin, les gens te regardent rentrer chez toi alors que tu pues le cul, l'alcool et le tabac froid, t'as finalement réussi à passer la porte de ton appart et là faut encore ressortir ramasser les crottes de ton chien ?

Non sérieux, faut pas pousser !

Je ne suis pas certain d'avoir les épaules assez larges pour assumer aussi frontalement ma détresse émotionnelle !

Un chat, c'est mieux c'est sûr…

C'est plus discret quoi !

…

Les chats c'est finalement pas si différent des mecs !

Ils se frottent à toi pendant des heures pour que tu leur fasses un câlin et dès qu'ils ont fini leur affaire, ils se cassent…

Non et puis, on les voit les gens qui ont des chats…

Je ne veux pas faire de généralité mais si c'est pour terminer à parler à mon animal de compagnie comme si c'était mon gamin…

– Comment il va le gros chat ?

– Oh, il est gentil le chaton !

– Oh bah oui !

– Tu viens faire un câlin à papa ?

– C'est un gentil garçon ça !

Non ! Un chat n'est pas un garçon ou une fille !

C'est un mâle ou une femelle !

Prendre un chat, ce serait accepter que j'ai échoué, que la place est prise et que je n'attends plus rien de ma vie amoureuse…

Non, je crois que je préfère mourir seul à manger des raviolis en conserve à même la boîte devant « Le Plus Grand Cabaret du monde » en claquettes-chaussettes !

« Les clichés d'un week-end en Angleterre
Quelques diapos d'un de nos anniversaires
Enfin juste de quoi tout remuer
Avec une envie folle de te retrouver
Et de te chercher partout
Un peu n'importe où »
Christine And The Queens

BUDGET PSY : 1 Airbus A380 avec tous nos souvenirs dedans pour finir de tourner la page et 1 jet privé pour pouvoir aller leur rendre visite de temps en temps quand ils ne seront plus source de tant de mélancolie

Oui, le budget commence à être conséquent !

Il y a bien des moments où j'ai cru te voir. Dans la rue, en terrasse de café, sortir d'un immeuble.

Il fut un temps où tous les garçons semblaient avoir quelque chose de toi.

J'ai longtemps – disons souvent, genre tout le temps – rêvé de te recroiser, comme ça, à l'improviste, alors que j'irais mieux et que nous aurions tous deux pris assez de recul sur notre histoire pour pouvoir nous retrouver.

Nous aurions eu des histoires d'amour, évidemment, qui n'auraient servi qu'à nous rappeler combien nous étions faits l'un pour l'autre. Nous aurions passé des heures à nous regarder, espérant rattraper tout ce temps perdu à essayer – en vain – de reconstruire nos vies l'un sans l'autre, nous perdant dans le regard l'un de l'autre avant de passer le restant de nos existences à nous aimer passionnément avant de mourir enlacés l'un contre l'autre.

J'ai fantasmé cet instant comme j'ai toujours espéré que ma vie ressemble un jour à une fresque romanesque. Intérieurement, je savais que tout cela n'arriverait pas. Comme tout bon fantasme, il est toujours plus doux quand il reste imaginaire et bien que j'aie toujours eu une imagination débordante, je commençais à me faire à l'idée que ma vie ne ressemblerait jamais à un film avec Ryan Gosling – oui, on rêve tous d'une histoire digne du film *The Notebook*, détendez-vous, ça n'arrivera pas !

Les premiers mois après notre rupture, je faisais perpétuellement ce rêve, je m'efforçais même de m'y plonger lorsque la journée paraissait trop longue ou la solitude trop pesante et que je ressentais le besoin de m'évader.

Alors que je pensais ne jamais pouvoir vivre autrement qu'en espérant que tout cela finisse par devenir réalité un jour, j'ai finalement réussi à ne plus ne penser qu'à toi. J'avais commencé à me créer d'autres souvenirs dans ces endroits qui semblaient être imprégnés de ta présence. Quelquefois je pensais à toi le soir tard une clope à la bouche en écoutant de la musique triste, mais l'idée que je pourrais avancer sans que tu ne sois présent à mes côtés finissait par devenir concevable. Le vide s'était transformé en puits. Un puits profond certes, mais dont on pouvait deviner le fond.

Je ne te cherchais même plus constamment du regard quand tu es apparu. C'était un vendredi après-midi, il devait être 17 heures car je me souviens que je prenais mon goûter. J'étais à ma fenêtre en train de manger un pain au lait fourré au – entendez gavé de – Nutella et tu étais là.

Tu passais devant mon immeuble. En bas de chez moi. Tu marchais lentement, tu n'avais pas changé, tu avais toujours cette allure de promeneur solitaire si charmante et désinvolte. J'ai d'abord cru à un mirage.

J'étais surpris et rassuré de te voir. Le monde sans toi dans lequel j'évoluais m'apparaissait parfois hostile mais ton apparition me rappela que malgré tout, tu veillais. Sur moi, sur mes choix. Il n'était pas question que l'on se retrouve, l'idée ne m'a d'ailleurs même pas effleuré l'esprit de descendre pour te saluer mais ton fantôme m'a réconforté. Tu étais là. Je l'ai pris comme une réponse à mes nombreuses prières dans lesquelles j'invoquais tous les esprits pour me donner un signe qu'un jour j'irais mieux. C'était chose faite. Nos regards se sont croisés. Un court instant peut-être mais assez conséquent pour me rappeler que bien que tu ne sois plus présent comme avant, tu ne serais jamais bien loin. Qu'on se retrouve un jour ou pas, tu serais là. À mes côtés ou dans mes pensées, peu importe. Quelque chose nous appartenait. Rien qu'à nous. Quoi qu'il arrive.

Pourquoi passais-tu par-là ? En bas de chez moi !

L'avais tu cherché ? Certainement.

On ne passe pas devant chez son ex par hasard. Venais-tu te rappeler à moi après ces quelques mois de silence ? Étais-tu traversé d'un élan de mélancolie qui te poussait à venir dans mon quartier faire un pèlerinage ?

J'étais perturbé. Mille informations traversaient mon esprit ; je n'avais aucune idée de comment en faire le tri et pourtant, je me sentais assez euphorique. J'étais comme un junky à qui on venait de donner une petite dose de drogue après une longue période de sevrage. C'était fort agréable, assez galvanisant et en même temps, ça ne semblait pas me rendre heureux. La tentation de me la jouer *Pretty Woman* en descendant les escaliers à toute allure pour me jeter dans tes bras étaient présente mais je pressentais que ce n'était pas la solution.

J'avais passé des mois à imaginer nos retrouvailles mais alors qu'elles auraient pu avoir lieu si je l'avais voulu, j'eus le sentiment que je ne ferais qu'un grand pas en arrière et que je ne pouvais m'infliger ça. J'avais fait un tel travail d'introspection ! Je voyais alors le moi que tu avais quitté parler au celui que j'étais en train de me construire : « Tu ne peux pas me faire ça ! »

C'est alors que ce dialogue de Jean-Pierre Léaud dans *La Maman et la Putain* a pris tout son sens :

« C'est curieux, je n'ai pas cessé de souffrir.

Je ne me suis pas accroché à toi mais à ma souffrance, essayant de la retenir.

Pour te garder près de moi. Pour nous garder.

Le jour où je ne souffrirai plus. Où je m'en sortirai comme tu dis.

C'est que je serai devenu un autre et je n'ai pas envie de devenir un autre.

Parce que ce jour-là, nous ne pourrons plus nous retrouver. »

Je ne m'en étais pas rendu compte mais j'étais en train de devenir cet autre et si je t'aimais certainement encore, je compris que je t'aimais plus encore quand tu me manquais.

TOP 50 DES PIRES VRAIES EXCUSES UTILISÉES POUR QUITTER QUELQU'UN

Partie 5/5

J'ai un problème au cœur.
Si je meurs, je ne veux pas te faire souffrir.

Je te quitte parce que tu mérites mieux.
Ne t'embête pas avec un mec comme moi…

Le fait que tu sois végétarienne ne me posait pas de problème au début mais en fait je crois que j'aime trop la viande…

Quand j'ai vu comment tu t'es senti blessé par le fait que je t'avais trompé, j'ai vraiment eu peur !
Du coup, je préfère qu'on reste amis !

Je suis désolé mais je suis sous le choc de la mort de David Bowie.
Je te quitte pour faire mon deuil.

Ce n'est pas de ta faute !

C'est juste que je l'aime plus que toi…

Et il est plus sexy aussi…

Tu bossais trop, je me suis senti seul et elle était là pour moi.

Voilà. Tu mérites mieux…

Par contre, je tenais à te dire que tu suces beaucoup mieux qu'elle !

Je suis désolé.

C'est pas toi mais il n'y a pas d'alchimie entre nous…

Tu vois la caissière du Carrefour Market ?

Bah je ressens plus de choses quand je lui parle qu'avec toi…

Au début je te trouvais moche !

Mais ça ne se faisait pas de partir direct, du coup je suis resté et j'ai fini par m'habituer, mais là c'est plus possible…

Tu es la femme de ma vie mais pour l'instant je ne peux pas être avec toi.

C'est pour ça que j'en vois d'autres. Pour me sentir prêt !

Mais plus tard, promis, je reviens vers toi…

T'es vraiment la femme de ma vie !

« Moi j'ai un rêve
C'est voir les lanternes
Qui dans le ciel s'élèvent
Et je profite de chaque jour
Ravie d'avoir quitté ma tour. »
Raiponce

BUDGET PSY : l'intégrale des Disney, 5 costumes de *La Reine des neiges*, 1 guide pratique pour résoudre le conflit israélo-palestinien, 1 sweat « La Manif pour tous » – pour le brûler – et l'intégrale de tous les ouvrages féministes existant sur cette planète

Le féminisme, c'est comme la soupe. Plus tôt on en fait bouffer aux enfants, plus vite ils grandissent !

Si les chagrins d'amour ont pour vocation de nous faire sombrer dans les limbes de la solitude et les désagréments qui l'accompagnent – pleurs, regard dans le vide et alcoolisme –, ils nous permettent également de nous reconnecter aux choses simples de notre vie.

Des éléments que l'on a souvent négligés durant notre idylle et qui soudain nous paraissent indispensables à notre survie. On se rapproche généralement de nos amis qu'on avait un peu délaissés au profit de soirées en amoureux, mais également de notre famille. On ne la choisit pas, on s'en plaint souvent et pourtant, c'est un socle rassurant, un univers avec des codes bien ancrés qui la plupart du temps nous épuisent mais qui, durant ces périodes, devient un cocon dans lequel on aime se blottir.

Les réunions de famille fonctionnent toujours de la même manière. Chacun a son rôle, chaque individu est un peu attendu dans son propre registre et il est assez reposant de voir cette petite société s'activer autour de nous alors qu'on a juste envie de ne penser à rien et de se laisser porter, même si la destination ultime s'avère être de devoir passer la fin de journée au parc à voir ses nièces dégringoler d'un toboggan en hurlant ce refrain insupportable de *La Reine des neiges* – que vous avez maintenant automatiquement en tête pour le reste de la journée, ne me remerciez pas.

Moi qui suis de nature relativement sociable et toujours prêt à jouer le rôle du bout-en-train auprès de mes cinq nièces, ce jour-là je devais avoir l'énergie d'un mort vivant tout droit sorti de *The Walking Dead*. Je n'étais clairement pas en phase avec l'univers qui m'entourait et je restais impassible même lorsqu'elles me montaient dessus en me prenant pour un poney magique. Mais écouter mes nièces inventer des histoires sans queue ni tête à propos de princesses – qui auraient eu un problème de calèche pour se rendre au bal à cause d'une attaque de licornes maléfiques – me permettait de souffler un peu alors que j'avais quotidiennement la sensation d'étouffer.

Elles jouaient, se poussaient, sautaient sur le lit de mes parents sans que j'aie la force de leur rappeler que c'était interdit lorsque l'une d'entre elles s'approcha de moi et me dit :
« Il n'est pas là Clément ? »

J'étais sans voix. La question était claire, la réponse aurait dû l'être tout autant et pourtant je ne savais pas quoi répondre. J'étais pris de court. Non, Clément n'était pas là ! Ça fait deux heures qu'on a fini de déjeuner donc, *a priori*, il ne viendra plus… J'ai répondu très calmement que non et, sentant que la conversation ne s'arrêterait pas là, j'ai ajouté : *« On n'est plus amoureux avec Clément… »*

Ma gorge s'est nouée. Je sentais les larmes monter. J'avais voulu dire les choses aussi simplement que possible et je réalisais que c'était la première fois que je mettais un terme moi-même à notre histoire. « On n'est plus amoureux. » Ce n'était même pas vrai d'ailleurs. Moi je l'aimais encore à en crever mais que pouvais-je dire à ma nièce?

« Clément ? Il s'est barré ma pauvre !

Oui tu le connais depuis que tu es née enfin a priori *ça ne l'a pas retenu plus que ça tu vois…*

J'aurais adoré te présenter un petit cousin ou une petite cousine qu'on aurait eu(e) ensemble mais il a préféré aller voir ailleurs.

D'ailleurs, je t'avais prévu une super tenue de demoiselle d'honneur pour notre mariage mais on avait manifestement pas les mêmes projets.

Oui tu l'adores et j'aimerais pouvoir te dire qu'il va revenir mais je ne sais pas pourquoi j'ai plus envie de miser sur un traité de paix entre Israël et Palestine…

Tu ne vois pas le rapport ? »

Je pensais qu'on passerait rapidement à autre chose quand soudain :

– Pourquoi vous n'êtes plus amoureux ?

Ce fameux « pourquoi » à répétition qui rend fou !

– Bah… Parce que parfois les gens s'aiment très fort et puis avec le temps, l'amour il devient moins fort…

Ma nièce avait 4 ans lorsqu'elle m'a posé cette question, j'ai donc imaginé que ma réponse – déjà assez prise de tête – étancherait sa curiosité mais pas du tout…

« Pourquoi on s'aime moins avec le temps ? »

4 ans la gamine !

Sérieusement, je me suis demandé si elle n'avait pas été payée par quelqu'un pour m'emmerder en me posant toutes les questions auxquelles je n'avais absolument pas de réponse…

Elle venait de me poser une colle. Comme moi à son âge, elle était entourée de personnages de dessins animés qui étaient condamnés à s'aimer *ad vitam aeternam* et bien que j'aie vingt-cinq ans de plus qu'elle, je n'avais absolument aucun élément de réponse à lui donner.

Parce qu'on se lasse ?

Parce qu'on vit dans une société dans laquelle on a constamment besoin de changement pour se sentir un peu vivant ?

Parce que les mœurs ont évolué et que comme on peut changer plusieurs fois de carrière dans sa vie, on vit aussi plusieurs histoires d'amour ?

Parce qu'aujourd'hui, on n'arrive plus à vivre sans avoir constamment des papillons dans le ventre et que forcément, après des années passées à deux, à se connaître si bien qu'on arrive à prédire le moment où l'autre va faire la grosse commission, le capital paillettes finit par être réduit à néant ?

J'ai fini par lui répondre qu'avec le temps, les gens s'aimaient différemment !

Je ne voulais pas briser son innocence et tous ses espoirs, mais je tenais à lui faire part d'un certain aspect de la réalité à laquelle elle devrait un jour se confronter…

Mes nièces étaient déjà conditionnées. Princesses par-ci, cuisinières miniature par-là, elles jouaient également avec des voitures et n'étaient pas condamnées à finir femmes au foyer, mais comme tous les enfants, on les poussait dans une certaine direction.

C'est idiot mais ça m'a marqué lors d'une galette des Rois en famille. Une de mes nièces est « tombée » sur la fève – on m'a juré que c'était le hasard, je n'en crois pas un mot – et tout de suite, elle fut condamnée à choisir un roi. Je ne connais pas la future sexualité de ma nièce mais j'ai eu peur de l'enfermer. Qu'en cloisonnant son choix, on ne crée une forme de rupture entre elle et nous. Peut-être que je me voyais enfant m'entendre dire que : « Ça, c'est pas pour les garçons voyons ! » Je ne voulais pas qu'elle pense qu'elle n'avait pas le choix. Peut-être un jour aurait-elle envie de partager sa fève avec une reine et quand bien même, pourquoi ne pas lui laisser ouvert le champ des possibles ? Lui laisser le choix pour une galette ne l'influencerait pas… Je regarde régulièrement *Mulan* et ne ressent pas le désir profond de devenir asiatique.

À la question : *« Tu choisis qui comme roi ? »*, je m'étais donc permis d'ajouter : *« Ou comme reine ?* » C'était peu de choses, personne n'a relevé ou n'a osé faire de commentaire mais le petit garçon que j'étais m'a remercié.

Alors non, je n'ai pas brisé les rêves de ma nièce en lui expliquant que les histoires qu'on raconte dans les contes n'existent pas, je lui ai juste dit que :

« Oui, l'amour existe, sous plein de formes différentes. Moi je suis un garçon et j'adore les garçons. J'aime les filles aussi ! Énormément d'ailleurs mais par pareil. Tu fais bien de rêver comme le font tes princesses préférées mais ne t'arrête pas à ça ! Ouvre tes yeux, vois plus grand ! Je te le dis : attendre le prince charmant dans une forêt ou en astiquant des escaliers, ça ne sert à rien. L'amour tu le trouveras ma chérie, tu es bien trop jolie pour qu'il passe à côté. Tu le rencontreras une fois, deux, mille fois si tu essaies de copier Elizabeth Taylor… Clément et moi, on n'est plus ensemble mais ça n'enlève rien à ce qu'on a vécu, ce qu'on a tous les deux s'est transformé en quelque chose qui deviendra encore plus précieux avec le temps… »

Ça m'a fait un bien fou. Clément ne m'avait pas abandonné, il me laissait l'opportunité d'être mieux aimé de quelqu'un d'autre. Je ne sais pas si elle a compris quoi que ce soit mais elle m'a embrassé, m'a souri et m'a proposé qu'on aille regarder *Raiponce*. J'étais ravi. L'idée de voir une nana qui tente de s'échapper de sa tour en mettant des coups de poêle au premier mec qui essaie de s'incruster chez elle entouré de mes cinq nièces me plaisait particulièrement !

« J'aime ceux qui paniquent
Ceux qui sont pas logiques
Enfin pas comme il faut
Ceux qui avec leurs chaînes
Pour pas que ça nous gêne
Font un bruit de grelot
Ceux qui n'auront pas honte
De n'être au bout du compte
Que des ratés du cœur »
Anne Sylvestre

BUDGET PSY : le revenu annuel d'un cadre bossant à la Défense et l'intégralité du CAC 40

Bon, pour compléter la panoplie idéale de la « famille parfaite », il faut aussi avoir une maison en banlieue et un monospace, hein !

On pense que quitter quelqu'un c'est plus facile. Est-ce que finalement, ce n'est pas plus

« confortable » de se laisser porter par l'élan de rupture insufflé par l'autre ?

J'ai longtemps pensé que j'étais tombé des nues lorsque Clément m'avait quitté et si je déteste les individus qui vous regardent de haut en prononçant ce genre de dictons insupportables dont fait partie « Il n'y pas de fumée sans feu ! », je dois reconnaître qu'*a posteriori* – j'ai mis quelques années –, j'ai réussi à comprendre qu'une relation se construit à deux et que si l'un décide de partir, l'autre ne peut pas être complètement surpris.

Il existe certainement des contre-exemples, mais je crois que la plupart du temps on finit par trouver quelques pistes qui finissent par nous mettre la puce à l'oreille.

Ce ne sont même pas des comportements mais plus une sensation que l'alchimie, la complicité partagée n'est plus tout à fait la même que durant les périodes les plus fastes de notre histoire.

Je ne sais plus exactement quand j'ai réussi à en prendre conscience, mais j'ai fini par regarder les derniers mois de notre histoire sous un angle différent.

Comme chacun a sa perception des choses – que ce soit politiquement, culturellement ou même sexuellement –, Clément et moi ne voyions pas notre relation de la même manière.

De mon côté, j'étais quelque peu fasciné par cet individu si sûr de lui, rempli d'une ambition discrète mais certaine. J'étais une espèce de groupie qui disait *amen* à ses moindres faits et gestes et je devais sûrement donner l'impression de ne vivre qu'à travers lui.

Je ne mouftais pas, ne me plaignais pas, essayais toujours – tant bien que mal – de le rassurer quand lui, la dernière année de notre histoire, paraissait plus distant, peut-être même plus agressif dans sa manière d'aborder les choses à mon égard.

Clément avait sûrement compris plus vite que moi que notre histoire était bancale. J'étais presque fan de lui et le mettre comme je l'ai fait sur un piédestal n'a fait qu'approfondir le fossé qui était en train de se creuser entre nous.

Il devenait désagréable, sec, parfois même insultant. Il cherchait constamment la petite bête, me provoquait pour me faire réagir. Il allait trop loin pour que je lui dise de changer de comportement et moi, incapable de me résoudre à entrer en conflit avec lui par peur de le perdre, je ne faisais qu'aggraver la situation en me faisant tout petit, attendant patiemment que la tempête passe.

Il n'a certainement jamais eu conscience du pourquoi de son comportement – ni moi du mien – car sinon j'imagine qu'il aurait engagé la conversation avec moi, comme un adulte. Mais nous étions jeunes, c'était notre première grande histoire d'amour et vous savez comme moi que, s'agissant des premières fois, il y a toujours des ratés.

J'ai fini par l'envier. Je me disais – comme beaucoup de personnes « quittées » – qu'il avait le beau rôle et que finalement, c'était assez simple pour lui. Il était allé au bout de notre histoire – du moins de ce que lui envisageait comme tel – et vaquait certainement aujourd'hui avec l'assurance d'avoir pris une bonne et sage décision.

À l'époque, je n'imaginais pas que quitter quelqu'un puisse être un acte douloureux pour la personne à l'origine de la décision. Si la décision était prise, c'est qu'elle était mûrie et donc déjà en grande partie digérée.

Et pourtant, avec le temps, j'ai compris que ce qu'il avait fait était non seulement un acte d'une grande sagesse mais également que c'était finalement très courageux de sa part.

Alors, n'allez pas penser que je m'apprête à prendre sa défense, j'ai sûrement encore une bonne dizaine de poupées vaudoues à son effigie dans un placard de ma cuisine, mais j'ai réussi à appréhender cette démarche de rupture comme un acte de bravoure suite à un dîner auquel j'ai été invité quelques semaines après notre séparation.

Nous étions une petite dizaine, tous la petite trentaine et tous en couple. Tous sauf moi, ce qui m'octroyait l'honneur de présider la table… Je trônais donc à ce dîner dans lequel j'avais vaguement l'impression de faire tache. Les conversations ne tournaient globalement qu'autour de trois thématiques : parler de leurs (futurs) enfants, comparer leurs boulots respectifs – c'était manifestement la course à celui qui avait le plus de responsabilités – et cracher sur le dos de ceux qui ne font rien comme eux. Autrement dit… les gens comme moi !

J'étais intermittent, célibataire et homosexuel. J'étais clairement le quota minorité de la soirée.

N'ayant absolument pas les capacités – ni même la volonté nécessaire – de m'imposer au sein de la conversation, je décidai d'observer.

– Non, mais franchement, t'as vu le cours de la Bourse ?

– T'en es à quel mois ?

– Macron c'est beaucoup de marketing quand même…

– Elle est toujours célibataire ???

– On pense déménager à Bordeaux !

– Tu l'as eu à combien ton taux d'emprunt toi ?

– On essaie de trouver une crèche à Paris…

– Célibataire à 32 ans, elle doit être sacrément chiante… !

– T'as des actions chez Suez ? Fais gaffe, ils sont en chute libre là…

– Cet été ? On va surement chez les parents de Marie une petite semaine !

– Vous avez raison, Bordeaux c'est le nouveau Paris !

– Qu'elle fasse gaffe, elle va finir vieille fille !

– De toute façon, Hidalgo, elle fait rien que de nous emmerder !

– Et puis moi, plus je vieillis, plus j'ai mon petit côté Juppé qui ressort…

Vous l'aurez compris, je n'ai jamais vraiment su pourquoi j'avais accepté ce dîner. J'adorais ce groupe d'amis, ils avaient fait partie des gens qui m'étaient les plus proches durant un temps, mais ils avaient fini par ressembler aux gens qu'on avait passé des soirées entières à détester…

Les garçons étaient en costard tout droit sortis de La Défense et les filles jouaient aux femmes modernes/indépendantes/futures femmes au foyer « mais par choix » !

Épuisé de devoir trouver ma place dans ce qui allait se terminer en soirée Tupperware ou en débat politique sans fin, je suis sorti fumer une cigarette avec Nicolas.

Nicolas et moi avions toujours été très proches. Il devenait rapidement insupportable lorsque nous étions en groupe car il ne pouvait s'empêcher de jouer au mâle dominant à qui tout réussit – une jolie femme, un CDI juteux et probablement bientôt de très beaux enfants ! –, mais dans l'intimité il avait l'air d'avoir un tant soit peu de recul sur l'image très paternaliste qu'il s'évertuait à revendiquer.

Je lui ai demandé comment se passait son travail, je savais qu'il espérait être promu mais que, comme dans toutes les boîtes, son patron ne cessait de lui agiter son os devant le nez sans que rien ne se passe[43]. Il m'a répondu « Ça va ». Mais vous savez, le « Ça va » des gens qui « ne vont pas » mais qui n'osent pas le dire franchement et vous lancent une petite perche dans l'espoir que vous l'attrapiez à la volée. Nicolas me connaissait bien et j'ai donc fait en sorte de le faire parler. Beaucoup.

Il avait manifestement besoin de vider son sac et je reconnais volontiers que le fait de l'écouter parler de ses problèmes, si loin des miens, quand je passais mon temps à tourner en boucle autour de mon propre nombril m'apaisait. Nicolas avait tout pour être heureux sur le papier et pourtant un vide semblait s'installer. Une partie de lui ne paraissait pas pleinement épanouie. Il avait rencontré Marie en première année de fac de droit – à laquelle il s'était inscrite pour « faire plaisir » à ses parents – et était devenu avocat d'affaires alors qu'il avait toujours secrètement nourri le désir de devenir pâtissier. Marie ? Oui il l'aimait mais il n'en était plus très sûr. Ça faisait si longtemps qu'ils étaient ensemble et il n'avait

43. : – Si si, dès que votre +1 passe à la retraite, vous avez le poste !
– Mais il a 49 ans …
– La patience est mère de toutes les vertus, mon petit Nicolas !

finalement tellement rien vécu d'autre que son histoire avec elle qu'il lui arrivait de douter. Souvent même.

J'adore Marie et elle fait partie de mes amies les plus proches encore aujourd'hui – et ce malgré son petit côté BCBG qui parfois m'horripile. Mais je n'avais pas pour habitude de prendre parti lorsque deux de mes amis se mettaient en couple – j'ai un don assez dingue pour créer les rencontres. Nicolas n'avait vraiment pas l'air bien, presque angoissé. Il avait la tête de quelqu'un qui s'aperçoit qu'il s'est jeté dans la gueule du loup sans même qu'on l'y ait poussé. Je lui ai dit que rien n'était définitif, que les couples traversaient des hauts et des bas et qu'on ne restait pas soixante ans ensemble sans qu'il n'y ait quelques accrocs… Qu'il devait peut-être parler à Marie et que, surtout, il avait le droit de changer de carrière si vendre des pâtisseries et gaver la population française à coup de kouign-amann – il est breton – le rendait plus heureux.

C'est sa réaction à mon intervention qui m'a fait prendre conscience du courage dont avait dû faire preuve Clément. Aux yeux de Nicolas, il était trop tard. Il avait à peine 32 ans, ne voulait pas décevoir ses parents et préférait ne pas parler de ses doutes à Marie de peur de lui faire de la peine. J'ai essayé de le raisonner en lui expliquant qu'on ne rend pas les gens plus heureux en ne leur parlant pas ou en leur évitant de se poser des questions, mais sa cigarette était terminée, il fallait rejoindre les autres qui nous attendaient pour le dessert et il devait renfiler son costume de gendre idéal bien rangé.

Voilà ce que beaucoup d'entre nous sont prêts à faire pour donner l'illusion que leur vie ressemble à une page d'un catalogue IKEA. Il ne faut blesser personne, ne pas faire de vagues, ne pas être trop heureux non plus, ni trop épanoui. De toute façon, qui aujourd'hui peut se targuer d'être vraiment heureux ? C'est la première fois que j'ai espéré que la décision qu'avait prise Clément de me quitter lui ait permis d'être plus heureux. J'ai compris que j'aurais pu devenir Marie, cette jeune fille pétillante à qui l'avenir souriait mais que son mari – depuis deux ans seulement – ne regardait plus si amoureusement en silence, de peur de lui faire du mal…

J'ai eu envie de serrer fort Clément dans mes bras ou même de lui envoyer un texto pour partager mon ressenti mais n'en ai rien fait. J'ai rejoint mes amis autour de la fameuse tarte aux abricots – avec éclats de pistache, s'il vous plaît – de la maîtresse de maison et continué d'observer tout ce petit monde jouant au couple parfait. J'étais seul, j'étais triste souvent, mais professionnellement j'avais pris le risque d'aller où moi j'avais envie de m'épanouir et j'avais eu la chance de vivre une première histoire d'amour avec un garçon assez mûr et courageux – ne le lui dites pas.

Un garçon qui a eu les couilles d'être plus heureux malgré la peine qu'il allait me causer.

J'étais triste là mais j'allais apprendre à m'aimer et un jour, c'était sûr – on se convainc comme on peut –, je rencontrerai quelqu'un qui saura mieux m'aimer.

« J'ai dessiné
Ton nom et ton adresse
Là sur le côté
Ça fait comme une promesse
Dieu, qu'elle est banale
La petite carte postale
Qu'elle fait du mal »
Juliette Armanet

Budget psy : 1 maison à l'île de Ré, 2 vélos, 1 bouteille de rosé, 1 boîte d'accras et 1 gaufre caramel au beurre salé

Ça faisait quelques mois que nous ne nous étions pas donné de nouvelles.

Nous avions passé les vacances d'été séparés l'un de l'autre pour la première fois depuis des années. Comme à mon habitude, j'avais passé une semaine entre potes au bord de la mer et une autre dans la maison que mes parents louaient chaque année dans le Lot.

J'y avais retrouvé mes sœurs, mes beaux-frères, mes nièces. Toute la petite famille que tu côtoyais d'habitude était réunie là et malgré le brouhaha permanent instauré par ce genre de vacances comprenant la présence d'enfants, une seule chose me sautait aux yeux : ton absence.

Tu n'étais pas là au bord de la piscine à bouquiner un de ces romans interminables que tu dévorais en quelques jours quand je peinais à terminer un *Public* en un après-midi. Tu n'étais pas là à jouer au gendre idéal en proposant à ma mère de l'aider à préparer le dîner. Tu ne sortais pas de la douche avec cette mine rayonnante qu'ont les gens en vacances après une journée au bord de l'eau. Une fois le repas du soir terminé, tu n'étais pas là non plus à regarder les informations dans le canapé du salon et tu ne me rejoindrais pas un peu plus tard dans la chambre qui était la nôtre.

Le rythme des journées était le même, les dessins animés regardés avec les filles n'avaient pas changé, tout être resté intact. L'année qui s'était écoulée semblait s'être mise sur pause dans cette maison, nous avions toujours tous nos petites habitudes et si ton absence ne semblait pas perturber plus que ça le quotidien de tous, pour moi, le vide que tu avais laissé continuait de se creuser.

Je n'étais pas vraiment triste, cela faisait des mois que nous étions séparés et j'avais appris à aller mieux, mais je conservais une certaine forme de mélancolie latente qui poussait les membres de ma famille à régulièrement me demander : « Ça va ? », comme on poserait la question à une vieille tante un peu grabataire qu'on amène avec soi en vacances par compassion.

De retour à Paris, nous nous sommes contactés par SMS. Pour prendre des nouvelles. Pour se rassurer certainement et se rappeler notre présence mutuelle après ce premier été de solitude. On a décidé de boire un café parce que « ça fait longtemps quand même ». Longtemps. Le mot est faible. Combien de fois j'ai imaginé te revoir, te serrer dans mes bras, sentir l'odeur de ton cou, prendre de tes nouvelles, rire de tes maladresses. J'en avais rêvé, je l'avais redouté aussi, et soudain le rendez-vous était pris.

C'était un endroit neutre cette fois. Un café à mi-chemin entre nos deux appartements. Un endroit que nous avions choisi ensemble en nous promenant après nous être retrouvés au parc des Tuileries, berceau de notre toute première rencontre.

Tu étais parti quelques semaines à l'île de Ré, comme nous le faisions chaque année. Nous y avions passé tellement de temps ensemble que j'ai imaginé que tu avais dû penser à moi avec nostalgie comme moi j'avais pu le faire. Ça m'a rassuré.

Tu étais surement passé un peu à autre chose mais tu avais pris le parti de passer l'été sur nos traces. Tu aurais pu te résigner, choisir une tout autre destination pour tourner la page pour de bon parce que tu aurais pu penser qu'il était trop tôt pour y retourner. Nous n'étions plus ensemble mais tu avais choisi de me laisser me rappeler à toi malgré tout, j'ai trouvé ça chic.

Tu avais dû manger des gaufres aux Portes, faire du vélo dans les marais, dîner dans le petit resto dans lequel nous avions nos petits rendez-vous hebdomadaires. Peut-être même que tu avais fini par aller manger dans celui d'en face, plus cher et que nous nous étions promis d'essayer plus tard,

« quand on aurait l'occasion de fêter quelque chose de spécial ».

Nous ne nous sommes rien dit de particulier durant ce rendez-vous improvisé, j'étais juste content d'être là, d'être avec toi, de te regarder parler, de prendre le temps de te regarder. Jc ressentais toujours un petit pincement au cœur car j'avais longtemps fantasmé ce moment et pourtant quelque chose était différent. J'étais bien, j'ai sûrement eu envie de t'embrasser mais mon cœur n'était qu'à moitié là. Pas bien loin, personne n'avait encore vraiment réussi à mettre la main dessus, mais il ne t'appartenait plus tout à fait. J'étais heureux de te voir, tu avais l'air d'aller bien, je t'ai même trouvé beau. Après une bonne heure de conversation, je suis parti, je n'ai pas inventé d'excuse pour justifier mon départ, je n'avais pas envie de te mentir. Je t'ai juste dit : *« Je vais y aller. »*

J'aurais pu rester longtemps avec toi. À nous écouter parler, nous remémorer ces souvenirs sacrés de notre histoire d'amour passée. La tentation de me replonger un peu dans ces sentiments que j'ai éprouvés pour toi était bien présente. Je l'ai effleurée. C'était à la fois galvanisant et effrayant. J'ai fini par te quitter parce que c'est toi qui l'avais fait la première fois et que je me devais de choisir le moment où notre entrevue prendrait fin. Ce fut un petit déchirement. Comme si soudainement je rouvrais un tout petit peu la plaie qui commençait à peine à cicatriser. Tu m'aimais encore, je le savais, je le voyais dans tes yeux qui me dévoraient. Nous aurions pu faire l'amour, nous étreindre toute la nuit et ç'aurait sûrement été une des plus belles de ma vie, mais que serait-il advenu de nous après ?

Quelque chose m'attendait. Une nouvelle histoire. Une autre vie. Tu en ferais toujours partie et j'étais sûrement porté par la tendresse et la complicité qui nous animaient encore. Le jour où tu m'as quitté j'ai commencé à me reconstruire, à faire connaissance avec une autre partie de moi. Une partie qui sait prendre soin d'elle, qui sait avancer seule et qui est sûre de ce qu'elle vaut. Je suis parti parce que je ne pouvais pas te laisser prendre plus de place, c'était trop tôt et il fallait encore que je prenne soin de cette bribe de moi qui me paraissait pleine de jolies promesses.

Je suis rentré chez moi, mes écouteurs sur les oreilles. J'ai écouté du Britney, du Juliette Armanet, du Rihanna, du Barbara, du Beyoncé, le ciel était azur, les gens étaient beaux et moi, je me sentais rayonnant. Pour la première fois depuis longtemps, j'avais le sentiment d'être en paix avec moi-même. Je t'avais pardonné et j'avais maintenant hâte de découvrir où cette belle personne que je semblais être devenue pouvait encore m'emmener.

Le jour où Clément m'a quitté, j'ai eu le sentiment d'être un enfant en bas âge qui tombe pour la première fois.

Je pensais avoir fait le tour de toutes ces petites douleurs qu'on rencontre au cours d'une vie et soudain, j'ai eu si mal que j'ai pensé que personne autour de moi n'avait jamais pu ressentir ça.

J'ai cru à la fin. La fin de tout. J'ai pensé que plus rien n'avait de sens et que j'étais condamné à errer dans un monde au sein duquel je ne trouverais jamais ma place.

Les mots sont forts mais alors que j'avais vécu des choses assez difficiles au cours de ma courte existence, j'ai réellement été pris de court.

Pour moi, ma première histoire d'amour était la réponse à bien des maux qui me hantaient et j'imaginais que la suite ne pouvait être faite que d'amour et d'eau fraîche.

J'étais jeune. Encore bien insouciant finalement et comme beaucoup j'ai dû me confronter à des événements auxquels je ne pensais jamais devoir faire face.

J'avais déjà vécu l'homophobie, la culpabilité, le sentiment d'abandon, la mort d'un proche et soudain c'est tout un monde d'angoisses supplémentaires qui s'ouvrait devant moi.

J'ai pensé que je n'avais pas les épaules pour surmonter ça et je crois que c'est un sentiment qu'on retrouve à chaque rupture amoureuse – bien qu'heureusement il semble s'atténuer au fil de nos expériences.

J'en ai parlé à beaucoup de gens autour de moi et me suis aperçu que tout le monde avait déjà dû traverser cette émotion indescriptible.

Cette sensation qui m'avait parcouru était assez commune et si je m'étais senti si seul, c'est parce que les gens ne parlaient pas tellement de leurs chagrins d'amour publiquement.

Par pudeur certainement, mais j'imagine que les choses auraient été plus simples si on m'avait prévenu qu'il pouvait y avoir quelque chose de moins heureux que prévu après le fameux : « Ils se marièrent, eurent beaucoup d'enfants et vécurent heureux jusqu'à ce que la mort les sépare. »

Ces chroniques sont pour tous celles et ceux qui ont cru à un moment donné qu'ils ne pouvaient se sentir vivants qu'à travers les yeux d'une tierce personne.

Oui, c'est dur. Non, la société et la pression qu'elle nous met sur les épaules consistant à nous inculquer qu'on est toujours mieux quand on est à deux ne fait rien pour nous aider.

Il y a bien des moments où je me suis senti vulnérable, jusqu'au jour où j'ai compris que les choses seraient peut-être plus faciles à envisager si j'arrivais déjà à me faire confiance à moi.

À prendre soin de moi aussi.

Nos vies ne correspondent pas toujours aux standards, on ne remplit pas toujours les cases qu'on aurait aimé cocher petit.

Nos espoirs, nos attentes ne sont pas toujours au rendez-vous et si – vous l'aurez compris – j'ai eu beaucoup de mal à me sortir la tête de l'eau, j'ai le sentiment intime qu'une rupture amoureuse est finalement la meilleure chose qui puisse arriver pour se connaître un peu mieux, découvrir ce qu'on veut réellement, sans forcément être influencé par le regard des autres.

Il y aura toujours des gens pour faire des commentaires, mais ce sont souvent des personnes qui ne se sont pas donné l'opportunité d'être en parfaite adéquation avec ce qu'elles sont vraiment.

Aimez. Aimez intensément. Aimez passionnément.

Rêvez aux princes charmants parce que oui, je crois qu'ils sont plus nombreux qu'on le ne pense ! Et finalement, au pire quoi ?

Y aura toujours des bons potes derrière vous avec une bonne bouteille de rosé bien fraîche, un gros paquet de mouchoirs et un bon Britney pour vous aider à ramasser les morceaux.

NB : J'ai failli écrire « Pensez à suivre votre cœur », mais vraiment je refuse de terminer sur un dicton aussi mielleux. J'aime bien la guimauve mais ce serait dommage de conclure avec un #Diabète, non ?

Remerciements

Mes petits chats pour leur soutien sans faille.

Mes Jeannies pour toutes ces soirées autour de bouteilles de rouge à parler, rire et refaire le monde.

Mon metteur en scène Yoann qui me pousse à toujours me dépasser.

Jennifer Aniston parce qu'arriver à devenir une icône grâce à sa rupture avec Brad Pitt a été une véritable source d'inspiration pour beaucoup.

Ma psy qui ne parle pas beaucoup, n'a jamais pris de notes mais m'a aidé à devenir une personne avec laquelle j'aime passer du temps.

Et Philippe parce que : « Men, babies, it doesn't matter. We're soulmates. »

Composition

PRESS · PROD

Imprimé en Espagne
Dépôt légal : septembre 2018
ISBN-13 : 978-2-7499-3416-7
LAF 2466